Célestin Bouglé

Chez les prophètes socialistes

essai

ISBN : 978-1534715554

10 9 8 7 6 5 4 3 2 1

Célestin Bouglé

Chez les prophètes socialistes

essai

Table de Matières

À LA MÉMOIRE DE JEAN JAURÈS

En reprenant mon enseignement à la Sorbonne, je publie telles quelles ces études, composées avant la guerre : elles pourront servir d'amorces à des recherches méthodiques qu'il serait plus que jamais indiqué de poursuivre, et qui mettraient en pleine lumière ce qui est dû, tant à nos « .socialistes » qu'à nos « sociologues ».

*Je dédie ces essais à la mémoire de la première victime de la guerre : Jean Jaurès. Je n'ai pas partagé toutes ses espérances. Et j'ai même dû, plus d'une fois, en discuter publiquement avec lui. J'ai apprécié du moins, comme quiconque a pu l'approcher, non pas seulement la générosité de son cœur, mais la fécondité de son cerveau. Tous ceux qui ont lu ce qu'il a écrit dans l'*Histoire socialiste *savent qu'il y a multiplié, sur l'enchaînement des doctrines et leurs rapports avec les événements, les vues précieuses ; les historiens de l'économie sociale lui doivent leur tribut particulier d'admiration et de reconnaissance.*

C. B.

1. SAINT-SIMONIENS ET OUVRIERS

« Vous ne ferez plus un pas sans poser le pied dans les traces que nous avons imprimées. Notre Verbe est au milieu de vous ; vous l'incarnerez en vous. » Ainsi, en 1832, vaticinait Barrault, l'orateur saint-simonien, s'adressant aux sages qui croyaient mortes et enterrées la Doctrine et l'École. Et Enfantin, le « Père », pape détrôné, mais non pas désabusé, répétait un peu plus tard : « Le monde se partagera nos dépouilles. »

Ces prophéties n'étaient pas si vaines. On commence à s'en rendre compte : parmi les idées « sociales », dont le dix-neuvième siècle a vécu ou qu'il a essayé de faire vivre, il en est peu qui ne laissent voir la marque saint-simonienne. Et cela est vrai des plus humbles comme des plus grandioses, de celles qui ont avorté comme de celles qui ont réussi. À tous les titres, assez divers d'ailleurs, dont la postérité honore les fils de Saint-Simon — apôtres de l'industrialisme, annonciateurs du socialisme, chevaliers du pacifisme, po-

Célestin Bouglé

seurs de rails, perceurs d'isthmes, lanceurs de banques, etc., — il convient d'en ajouter un plus modeste, mais révélateur de l'une de leurs tendances profondes : les premiers, ils ont mis en train ce que nous appelons aujourd'hui des Universités populaires.

Les « intellectuels » qui se donnaient avec tant de ferveur, aux environs de 1900, à l'œuvre des U.P., se doutaient-ils qu'ils ne faisaient que renouer une tradition et reprendre un essai d'avant 48 ? Certes, entre leur attitude et celle de leurs aïeux saint-simoniens, les différences abondent. Ceux-ci possédaient une foi et s'en vantaient, tandis que les intellectuels de 1900 ne juraient que par l'esprit critique. Les saint-simoniens ne cachaient pas leur volonté de gouverner le peuple en l'organisant. Les intellectuels ne prétendaient que mettre à sa portée des munitions — renseignements ou méthodes — dont il userait à sa guise.

Malgré tout, des ressemblances subsistent. Et quiconque a participé à l'effort des Universités populaires, s'il ouvre ces curieux dossiers du « Degré des Ouvriers » que conserve la Bibliothèque de l'Arsenal [1], aura l'impression du déjà vécu. Il verra repasser tels incidents topiques. Il reconnaîtra, en même temps que certaines situations, certains états d'âme. Il retrouvera dans l'ardente atmosphère du saint-simonisme, plus intense seulement et comme portées au rouge, des émotions qui furent siennes...

✳
✳ ✳

Le saint-simonisme n'était point fait, originairement, pour s'adresser au peuple. Petit-cousin du duc de Saint-Simon, fier de sentir couler dans ses veines le sang des comtes de Vermandois et de Charlemagne lui-même, éclairé au surplus par les expériences de la Révolution sur l'impuissance des masses à rien organiser, l'auteur des *Lettres d'un habitant de Genève* ne frappe d'abord qu'aux grandes portes, à celles des autorités sociales : intellectuelles, politiques, ou économiques. Ce sont les membres du Bureau des Longitudes, c'est Bonaparte en personne qu'il accable de ses pétitions-programmes, destinées à préparer la régénération du pouvoir spirituel. Plus tard, lorsque son mot d'ordre devient : « Tout pour l'industrie, tout par elle », il remet aux chefs de culture,

---

1 Le premier, M. Charléty a utilisé ces dossiers (Fonds Enfantin) dans son *Essai sur l'histoire du Saint-Simonisme*, Paris, Hachette, 1896.

1. SAINT-SIMONIENS ET OUVRIERS

aux directeurs de grandes entreprises, et par-dessus tout aux banquiers, le soin de faire évoluer les légions de producteurs.

Dans cette société industrielle dont il célèbre le prochain triomphe, il lui plaît de ne pas distinguer entre les intérêts des entrepreneurs et ceux des « opérateurs », entre ceux des patrons et ceux des ouvriers. Il parle volontiers de cette société comme d'un bloc, et d'un bloc qui devrait garder la forme d'une pyramide. Aux capacités il appartient, en répartissant les fonctions selon les aptitudes, et en proportionnant les rémunérations aux œuvres, de faire régner l'ordre nouveau. Le système du grand inventeur-gentilhomme demeure jusqu'au bout un système aristocratique.

C'est du moins un système qui prend pour fin —- Saint-Simon le répète à satiété — « l'amélioration matérielle et morale du sort du plus grand nombre ». Et au fur et à mesure qu'il approche du terme de sa carrière, le sort de la classe « qui n'a plus d'autre moyen d'existence que le travail de ses bras » le soucie de plus en plus : il voit, il touche, il veut faire voir et toucher les plaies du prolétariat, véritable crucifié de la civilisation industrielle. Dans son dernier livre, *le Nouveau Christianisme,* en 1825, que reproche-t-il à la religion traditionnelle, catholique ou protestante ? De n'avoir pas pris assez à cœur le sort des humbles, de n'avoir pas su organiser le travail assez méthodiquement pour assurer, sur cette terre, le salut de la foule. Et il éprouve alors le besoin d'expliquer —- on dirait presque qu'il s'en excuse — pourquoi il n'a point parlé à la foule d'abord. Il aurait craint, dit-il, d'exciter les passions des déshérités contre les riches et les puissants du jour. Il espérait que ceux-ci, les premiers interpellés, comprendraient assez vite leur intérêt véritable pour accomplir d'eux-mêmes les réorganisations nécessaires. Mais il laisse entendre qu'après ces avertissements les temps sont révolus : le saint-simonisme, en devenant une religion, va chercher directement le cœur du peuple.

*
* *

Ambitieux programme, mais qui trouve bientôt, pour le mettre en œuvre, des serviteurs de choix. Autour du souvenir de Saint-Simon une élite intellectuelle se groupe. Les Polytechniciens y dominent. Après avoir précisé dans *le Producteur* le système d'idées

Célestin Bouglé

coordinatrices qu'ils opposent à l'anarchie mentale de leur temps [1], la plupart d'entre eux comprennent que les dernières paroles de Saint-Simon sont aussi les paroles révélatrices : il importe que le saint-simonisme, pour régner sur le monde, devienne une religion populaire. A cette transformation, Enfantin, cet « adorable Satan », emploie toute la puissance de fascination dont il dispose. Olinde Rodrigues, le banquier mystique de la secte, lui dévoue toutes les forces d'une âme candide servie par une intelligence avisée. Bazard, le plus lucide, le plus mâle de tous, est entraîné comme malgré lui dans ce torrent de foi et d'amour. Laurent, Transon, Garnot, puis Duveyrier, d'Eichthal, Barrault forment des équipes de missionnaires supérieurement armés tant par l'intensité de leurs convictions que par la largeur de leur culture. C'est vraiment un nouvel Évangile que ces intellectuels exaltés pensent apporter au monde, un Évangile qui le mène doucement de l'industrialisme au socialisme.

Les leçons des événements concourent, d'ailleurs, avec la logique de leur doctrine, pour les inciter à pousser aux premiers bancs de l'Église nouvelle la classe des déshérités. Celle-ci ne vient-elle pas de se dresser brusquement, en pleine lumière, dans les journées de juillet ? Sur beaucoup d'esprits la Révolution de 1830 produit l'effet d'une sorte de résurrection du peuple, — résurrection trois fois glorieuse. Car, si les ouvriers, par leur poussée irrésistible, ont bousculé le trône et renversé Charles X, ils n'ont rien brisé, rien brûlé, rien pillé. Ils se sont révélés athlètes puissants, mais maîtres d'eux-mêmes, capables de discipliner leur force aussitôt déchaînée. Spectacle « sublime » qui venait à point pour effacer, en quelque sorte, le souvenir des tragiques saturnales de 93. Ce vainqueur magnanime, pouvait-on le laisser dans la situation lamentable que commençaient à révéler les enquêtes sur les effets de la grande industrie ? Il avait aidé la bourgeoisie à secouer le joug politique : à son tour ne l'aiderait-elle pas à secouer le joug économique ? Les Saint-Simoniens, les premiers, commentent sans se lasser cette antithèse. Ils insistent à plaisir sur ce que les Révolutions politiques laissent d'inachevé. Qu'un roi libéral prenne la place d'un

---

1 Comment ce système évolue, et passe du point de vue » libéral » au point de vue socialiste, c'est ce qu'a montré M. Elie Halévy dans une étude sur *la Doctrine économique de Saint-Simon et les Saint-Simoniens (Revue du Mois)* 10 décembre 1907, 10 juillet 1908).

1. SAINT-SIMONIENS ET OUVRIERS

roi autoritaire, qu'une république même substitue au sceptre des rois les faisceaux des licteurs, est-ce assez pour soulager le monde des charges que lui impose l'entretien de tant « d'oisifs » ? est-ce assez pour faire définitivement cesser « l'exploitation de l'homme par l'homme » ? Un parti reste à constituer : celui qui ne se laissera pas emprisonner dans les chinoiseries du constitutionnalisme. C'est *le parti des travailleurs.*

Ces avertissements furent assez mal accueillis, comme on sait, par les possédants, et en tout cas par les gouvernants de ce temps-là. On trouva bientôt moyen de traduire en justice les fondateurs de la nouvelle religion. Et lorsqu'ils eurent à se défendre contre les réquisitoires des procureurs, ils ne trouvèrent pas grand appui du côté du public même libéral. Ces hommes d'élite qui pour confesser leur foi ont tout abandonné — leurs biens, leur famille, les honneurs auxquels ils pouvaient prétendre — ne rencontrent, dans ce monde où ils brillaient hier, qu'une hostilité ironique, ou une indifférence plus dure encore. Aussi renient-ils avec empressement ceux-là qui les ont reniés. Ils dessaisissent, pour faire appel devant le peuple, cette bourgeoisie qui n'a pas su les comprendre. Dans les hymnes qu'ils chanteront en inaugurant leur couvent de Ménilmontant, le 1er juillet 1832 — accompagnés d' « accords glorificateurs » par Félicien David — ils exprimeront avec toute la netteté désirable les sentiments, déceptions et espérances, qui président à leur évolution.

Nous tournons à gauche
Et laissons à droite
Nos amis qui grondent,
S'étonnent, se taisent,
Jetant la couronne
Qu'ils tressaient d'avance...

Les *bourgeois* cherchaient nos salons,
Le *peuple* nous cherche au désert.
Les bourgeois nous croyaient perdus,
Le peuple nous a retrouvés.

Célestin Bouglé

C'est que le peuple enfin commence à nous connaître Pour lui nous avions fait livres, journaux, discours. Mais nous devons par lui nous laisser voir nous mêmes Et par lui nous laisser toucher nous-mêmes, nous.

Et se tournant vers Paris qu'ils dominent,

Dans la grande voix du géant,
Confuse, mugissante, immense, monotone,

ils discernent les cris des prolétaires écrasés.

Plus tard, lorsque Paris les aura tout à fait déçus et qu'ils songeront à émigrer à Lyon, leur lyrisme méthodique déduira cette nécessité elle-même. Paris, après tout, est la ville de la consommation et du luxe. Lyon est par excellence la ville du travail mâle, la ville qui s'est mis la première une ceinture de chemins de fer, « symbole de notre politique », celle aussi « où cinq cent mille têtes n'ont qu'une pensée : *produire* ». Et Enfantin qui aimait, en bon prophète, à interpréter les signes les plus simples ou les plus vulgaires, ayant eu à souffrir d'une fièvre accompagnée d'une transpiration abondante, se réjouira de ce qu'il nomme un changement de peau : « Les bourgeois et les docteurs se sont retirés de moi ; nous sommes prolétaires. »

*

* *

Pour que pareille métamorphose pût s'accomplir, encore fallait-il que le saint-simonisme se mît lui-même à la portée du peuple ; encore fallait-il qu'il adaptât ses enseignements à la tournure d'esprit et au degré de culture des ouvriers.

L'enseignement saint-simonien était d'abord ouvert indistinctement aux membres de toutes les classes. Et le niveau en était assez élevé, si l'on en juge par les livres ou les articles où se sont condensés les cours. L'*Exposition de la doctrine saint-simonienne*, qui contient les enseignements donnés par Bazard en 1828 et 1829, est sans doute un des plus beaux livres de philosophie de l'histoire qu'ait laissé le dix-neuvième siècle. Comment, de phase en phase, l'association gagne sur l'antagonisme, quelles conséquences doivent s'ensuivre pour la régénération du système économique, de l'institution pédagogique, des croyances religieuses, des arts eux-mêmes, tout cela est expliqué avec une fermeté de ton et une largeur de vues qui ne pouvait manquer de frapper des auditoires, pour peu qu'ils fussent déjà des élites. Mais comment apprécier de si vastes synthèses si l'on ne possède quelque connaissance préalable des faits historiques qu'elles rassemblent et s'incorporent ? De même, les conférences d'Enfantin et de Pereire sur l'industrie, les finances, la valeur et les causes de ses variations, supposent chez leurs élèves une compétence économique assez étendue. Il était difficile que les menuisiers du faubourg Saint-Antoine suivissent ces enseignements en même temps que les ingénieurs, les médecins, les juristes dont on voulait gagner le concours.

Il convient d'ajouter que la « prédication » saint-simonienne ne risquait pas seulement de dépasser par sa tenue scientifique les auditoires populaires ; elle pouvait aussi les heurter par son élan religieux. Quand les ouvriers de 1830 voyaient paraître sur les murs les singulières affiches que posait l'École, avec ces mots en lettres grasses : *Religion saint-simonienne,* leur premier mouvement était de s'écrier : « Encore une manœuvre des jésuites ! » Et lorsque, dans les séances où la curiosité les avait amenés, le vocabulaire mystique revenait sur les lèvres de l'orateur, ils se raidissaient avec mauvaise humeur — ou avec ironie — contre ces tentatives pour les « embéguiner ». Delà, aux leçons publiques de l'Athénée, place de la Sorbonne, des tumultes dont il n'était pas toujours facile aux saint-simonniens de se rendre maîtres, malgré le prestige et le talent de leurs missionnaires.

Quelques échos de ces séances troublées nous sont parvenus. La période des vacances est toujours pour les sociétés d'enseignement populaire une période critique. Dans l'été de 1831, nombre de leurs néophytes bourgeois s'étant dispersés, les apôtres de la nouvelle religion furent comme livrés au peuple, qui ne badinait pas, ou badinait trop. Le compte rendu d'une improvisions de Jean Raynaud nous donne l'idée des efforts épuisants qu'ils durent dépenser pour tenir tête à l'orage :

Célestin Bouglé

« Faites silence, je vous prie, et écoutez-moi. Je veux parler du peuple. Tout homme qui veut parler du peuple a droit è être entendu, partout où il se présente, avec calme, avec respect... Sur quel prétexte vous basez-vous donc pour troubler depuis près d'un mois le silence et la solennité de nos enseignements ? Vous parle-t-on de choses qui soient risibles ou méprisables ? Que vous a-t-on dit qui ne fût du peuple ?... Vous le voyez, le peuple, on vous parlait du peuple... Je le déclare, avant d'être saint-simonien j'étais aussi partisan des idées de liberté absolue, aussi peu partisan des idées religieuses que qui que ce soit ici ; mais si quelqu'un, quel qu'il fût, s'était présenté devant moi et avait déclaré qu'il voulait parler d'améliorations pour le peuple, je me serais découvert devant lui, et je l'aurais écouté jusqu'au bout dans le silence et le respect. Dans ce grand nom de peuple, il y a quelque chose d'imposant, et lorsqu'on le prononce il n'est permis à personne de le prendre à plaisanterie ou de faire tapage. »

Supplication désespérée : le mot du peuple retentit, presque à chaque phrase du discours, comme le coup de sonnette d'un président affolé. En jetant ce mot à la masse, il semble qu'on espère acheter son silence, et reconquérir des sympathies qui s'échappent. La tactique est vieille comme la démocratie, comme la démagogie...

Ne nous hâtons pas toutefois d'accuser les orateurs saint-simoniens d'avoir glissé avec complaisance sur cette pente dangereuse. Ils se reprennent à temps. Leur idée de derrière la tête demeure une idée de « hiérarques ». Ils entendent bien continuer à mener. Ils ont seulement éprouvé, comme tant d'autres, que pour tenir, pour retenir le peuple, il faut d'abord lui parler de lui, et bientôt agir avec lui. Ils feront donc méthodiquement ce qu'ils faisaient instinctivement. Déjà, dès avant 1830, Vinçard nous le raconte (dans ces *Mémoires épisodiques d'un vieux chansonnier saint-simonien,* qui sont un livre délicieux), les prédicateurs saint-simoniens avaient coutume d'abriter en quelque sorte leur mysticisme derrière leur socialisme : c'était comme le bouclier de leur ostensoir. Leur conclusion n'était-elle pas, invariablement, « l'amélioration du sort de la classe la plus déshéritée et la plus nombreuse » ? Ce miel promis faisait passer le reste. Quand ils éprouveront le besoin de constituer un enseignement spécial pour les ouvriers,

1. SAINT-SIMONIENS ET OUVRIERS

les saint-simoniens laisseront sagement à la porte la plus grande part de leurs ambitions encyclopédiques. A l'auditoire en blouse ils parleront plus volontiers, à ce qu'il semble, de ce qui le touche le plus directement, dans sa vie rétrécie, dans sa chair blessée. On commentera, en s'inspirant des articles du *Globe,* les derniers événements sociaux — l'insurrection de Lyon, par exemple, avec cette devise « terrible et sublime » : *Vivre en travaillant ou mourir en combattant,* qui devait éveiller tant d'échos dans la littérature économique. — On analysera les méfaits divers de la concurrence. On tâchera de faire comprendre la nécessité du machinisme. Et après ces exposés familiers on discutera librement, entre soi : l'ouvrier enfin va pouvoir ouvrir son cœur, laisser couler le flot de ses peines et de ses rêves.

Et puis, et surtout on s'efforcera de mêler, à ces œuvres d'éducation, des œuvres d'assistance mutuelle, qui contribuent déjà, si peu que ce soit, à l'amélioration de la vie. Plus d'une U. P., de nos jours, a senti le besoin de s'adosser à une coopérative, de s'adjoindre un bureau de consultations juridiques. Les intellectuels saint-simoniens — Fournel et Claire Bazard plus nettement que tous les autres — avaient compris qu'il est paradoxal de vouloir, sans les aider matériellement, grouper les déshérités autour de soi. Lorsqu'on organisa le « degré des ouvriers » il fut entendu que le directeur de chacun des douze arrondissements, tuteur attitré des catéchumènes, serait assisté d'un médecin. L'École devait avoir, de même, ses douze pharmaciens. On projetait aussi d'installer des maisons communes où les néophytes-prolétaires pourraient, en diminuant leurs dépenses de loyer, de chauffage, de nourriture, former déjà de vraies familles. On devait enfin organiser des ateliers-modèles, où les principes de la Doctrine recevraient, dans la mesure du possible, un commencement d'application.

Ainsi se formeraient peu à peu, espérait on, les cadres de « cette grande armée pacifique des travailleurs qu'attendent de si hautes destinées ».

*

* *

Combien d'ouvriers, et quelle sorte d'ouvriers furent attirés par cette propagande ? Les rapports des directeurs permettent de s'en rendre compte. Fournel, qui totalise leurs renseignements, en sa qualité de directeur général du Degré des Ouvriers, est fier de citer à l'Assemblée générale d'octobre 1831, au bout d'une campagne d'un an, 330 fidèles, dont 110 femmes, plus 1.510 assistants, disposés à bientôt prononcer — il en a l'espérance — leur profession de foi. En somme, près de 2.000 ouvriers, affirme-t-il, « sympathisent avec la foi nouvelle dont nous sommes les messagers ».

Les catégories où se recrutent ces fidèles sont assez diverses. Voici, au hasard des listes, des tailleurs, des chapeliers, des bottiers, un mécanicien, un apprêteur de draps, un doreur, un sculpteur sur bois, un maître de danse, deux instituteurs primaires. Parmi les femmes : une fleuriste, une culottière, une fruitière, une marchande de modes, une sage-femrne. Voici même une petite actrice (« pas jolie, note le directeur ; mais elle a la fraîcheur du printemps, et malgré sa profession un peu scabreuse, peut-être aussi la pureté... »).

On n'a pas l'impression, à parcourir ces listes, que le saint-simonisme ait touché beaucoup de ces prolétaires proprement dits dont le socialisme « scientifique » sera l'avocat : ceux que Marx appellera les appendices de la machine, les serfs de la grande industrie. Certes la France aussi, en 1830, connaît cette nouvelle race d'hommes dont Sir Robert Peel prévoyait la croissance. Le « système anglais » avec ses pompes-à-feu et ses *mule-jennies,* avait été importé sur le continent : philanthropes et hygiénistes commencent à en dénoncer les conséquences. Mais c'était sans doute, en province — dans les fameuses caves de Lille par exemple — que ces conséquences se faisaient surtout sentir. Dans la capitale, les artisans, ceux que Buchez appellera, par opposition aux ouvriers de fabrique, les ouvriers libres, « dont l'habileté est le principal capital » demeurent la majorité. En tous cas c'est auprès d'eux que la propagande saint-simonienne rencontre le plus de faveur. Et le plus souvent elle procède par conquêtes individuelles. Il arrive parfois qu'un « pêcheur d'hommes » (c'est le nom qu'on donnait à ces recruteurs) attire au saint-simonisme, d'un seul coup de filet, une dizaine de tailleurs ou d'ouvriers chapeliers. Le plus souvent c'est le hasard des visites qui amène les artisans aux prédications saint-simoniennes, où ils rencontrent d'ailleurs, en même temps qu'un certain nombre de boutiquiers, des déclassés, des sans-travail de toutes provenances.

Public légèrement hétérogène, en somme. À se le représenter, on s'explique la difficulté que rencontrent quelquefois les prédicateurs saint-simoniens lorsqu'ils insistent sur des notions fabriquées exprès, semble-t-il, pour les exploités de l'industrie. Non seulement, lorsqu'on voudra décider les catéchumènes à vivre en maison commune, à la rue Popincourt ou à la rue de la Tour-d'Auvergne, il faudra vaincre chez eux certaines répugnances... bourgeoises ; mais encore on a quelque peine à leur faire comprendre la nécessité de transformer de fond en comble le régime de la libre concurrence commerciale. « Beaucoup, dit Raymond Bonheur, dans le VIIe arrondissement, ne sentent pas encore l'entraînement des choses. Cependant le mot concurrence est senti dans sa laideur par des hommes qui voient leur établissement péricliter... « Les sans-travail, ajoutent-ils, s'initient par leur souffrance à une vie plus morale. »

*
* *

Ces initiations par la souffrance, à vrai dire, ne devaient pas êtres rares. Sitôt que d'orateurs ils deviennent visiteurs, et se mettent à monter les escaliers branlants des maisons noires dans les faubourgs, les saint-simoniens, presque chaque jour, se trouvent face à face avec la misère. Ils en reçoivent ces impressions vives, qui, mieux que les plus méthodiques inductions de la philosophie de l'histoire, convertissent les âmes. De leurs yeux ils découvrent le dénuement des prolétaires. Et plus d'un « rapport » se transforme, sous cette influence, en une liste lamentable de demandes de secours.

Biard, directeur du IIIe arrondissement, envoie cette note :

Maire (Éloi-Louis) âgé de quarante-quatre ans, passementier, a fait le tour du monde. Sa femme et ses enfants sont chez leur beau-père. Il soutient sa mère par le peu de travail qu'il a. L'exploitation dont il est l'objet chez son maître est horrible. Depuis cinq heures du matin jusqu'à neuf heures du soir il gagne 30 sols par jour.

Le ménage Leroy, rue de Bellefonds, 26, trois enfants, pas de travail, avait promis, dit Dumont, d'amener à la doctrine un pasteur protestant ; mais madame Leroy réclame d'abord « un léger secours à l'infortune que vous savez soulager sans l'humilier ».

Haspott signale le cas de Fontaine, ancien officier, très capable de faire un professeur excellent ; sa femme et lui tiennent à honneur de conserver une tenue décente. Mais ils en sont réduits, pour ne pas mourir de faim, à chanter dans les rues.

Henry, maître de danse, (IVe arrondissement), demande les instruments de travail appropriés à sa profession, « c'est-à-dire un habit convenable ».

Le tailleur Desclos va être mis en faillite : on demande pour lui l'assistance d'un avocat.

Les directeurs saint-simoniens ne tardent pas à se sentir débordés. Ils soupçonnent d'ailleurs que beaucoup de pauvres gens ne viennent à eux qu'attirés par l'espoir d'une aumône déguisée. Ils connaissent l'intime déception de l'apôtre qui veut faire adorer une idée au monde, et n'est écouté que pour le morceau de pain qu'il apporte, pour le médecin qu'il amène, pour la potion qu'il promet. Inventeurs et chômeurs encombrent le parvis de la nouvelle Église. De tristes marchés s'y ébauchent. Un jeune homme se déclare prêt à se marier selon les rites de la religion saint-simonienne : mais il faut d'abord que, sur créance qu'il montre, on lui fasse une avance de 300 francs. Malgré trois visites dans une même semaine, Dodmond, ferblantier, reste froid, dit Clouet. Il laisse entendre assez crûment que si la doctrine lui donnait de l'ouvrage il serait saint-simonien. Baron est plus amer encore : s'il était resté inféodé au christianisme, n'y a-t-il pas longtemps qu'il aurait obtenu du secours ? « On nous prend, écrit Parent, du XIe arrondissement, pour une société de Saint-Joseph. » — « Tous, sans exception, déclare de son côté Delaporte, viennent poussés à nous par la pauvreté et la disette. »

Des missions de province, la même note arrive. Jules Lechevalier, de Dijon, fait savoir avec enthousiasme : « À chaque instant il nous vient de nouveaux amis, et surtout de la classe ouvrière. » mais il ajoute : « La plupart nous portent des brevets d'invention et nous demandent du travail. »

1. SAINT-SIMONIENS ET OUVRIERS

Le Degré des ouvriers saint-simoniens c'est d'abord, selon l'expression de l'un des rapporteurs, le docteur Robin, une « multitude souffrante ».

*

* *

Gardons-nous toutefois d'en conclure que seul l'intérêt matériel amenait des recrues populaires au saint-simonisme. Les mobiles moraux ont ici leur part, qui n'est certes pas négligeable. Nombre de gens viennent en effet demander à l'église saint-simonienne une nourriture spirituelle, ou en tout cas un réconfort moral. La doctrine a du moins le mérite de servir de foyer à une grande « amitié » : la pure flamme de l'amour mutuel y brille d'un éclat attirant. C'est pourquoi, à côté des sans-travail, les saint-simoniens voient venir à eux les sans-famille. « Il n'y a peut-être pas eu dans le saint-simonisme une personne qui n'y ait été poussée par des chagrins de famille, » dira plus tard G. d'Eichthal [1]. Affirmation sans doute excessive. Mais le fait est que dans le Degré des ouvriers, les veuves, les célibataires, les abandonnés, les isolés ne sont pas rares.

Madame Noël, « qui joint à un physique assez agréable un cœur excellent et une franchise sûre » est une veuve sans enfants. Madame Rondel, sage-femme, « qui a eu à lutter contre l'envie qui s'attache d'ordinaire aux femmes qui sentent le besoin de s'élever au-dessus de leur sexe », est séparée de son mari. Duvignet pleure sa jeune femme qui vient de mourir, enceinte, à l'hôpital Saint-Louis. Le bonheur de trouver une « famille de choix », comme disait Félicie Herbaut, est un des principaux attraits de la nouvelle église. Chanon, inventeur de châssis, le confesse ingénument : il vient à la doctrine parce que la vie solitaire l'ennuie.

Les U.P. devaient recueillir et réchauffer, elles aussi, plus d'un solitaire de cette même race...

À côté des isolés, d'ailleurs, voici les inquiets, les désenchantés, ceux qui, même s'ils ont conservé une famille, un métier qui devraient les attacher à la vie, ne trouvent plus de saveur à rien. Quelquefois, au seul spectacle d'une réunion saint-simonienne, ils se

---

1 Cité par G. Weill, *l'École saint-simonienne, son histoire, son influence jusqu'à nos jours,* Paris, Alcan, 1896.

Célestin Bouglé

sentent soulagés, ils sont sauvés. Leur sensibilité manquait d'un centre d'aimantation ; leur vie désormais a un but. « Mon père, s'écrie un jeune homme, c'est le premier jour que je me trouve dans cette enceinte. Je ne saurais vous dire le plaisir que j'éprouve en ce moment. Je n'ai jamais rencontré que l'inquiétude sur la terre. Je ne pouvais jamais espérer trouver une société aussi nombreuse où chacun fût aussi heureux du bonheur des autres. » C'est ainsi que le saint-simonisme, avant l'armée du Salut, opère des cures miraculeuses, rend l'allégresse aux mélancoliques, ressuscite les âmes mortes. Il faut voir dans les *Mémoires* de Vinçard, comme dans *ceux d'une Fille du peuple* (Suzanne Voilquin), quelle était, clans les premiers moments au moins, la tonifiante influence de ces conversions. Avec quelle joie, dit Lenoir, on quittait les « sommeils d'indifférence » et les « réveils de désespoir » pour « revêtir l'enthousiasme religieux d'un néophyte saint-simonien » ! « J'étais, écrit Mme Perroud, fatiguée de la vie : mon courage était tout à fait abattu. » « J'errais, dit un autre, dans l'incertitude. » Un autre : « Je cherchais... comme un pauvre voyageur. » Plus touchante encore est la confession de Dubois et de Lamy, l'un âgé de soixante-cinq ans, l'autre de soixante-douze, tous deux vieillards aux cheveux blancs. Olinde Rodrigues s'adresse solennellement à eux : « Vieillards, vous voulez changer de religion ? — Nous avons plus besoin que les jeunes gens de croire à quelque chose, répond l'un d'eux : nous voulons mourir tranquilles. »

Les professions de foi devaient souvent donner lieu à des manifestations de ce genre. Lorsqu'un ouvrier passait du rang d'aspirant à celui de membre de la famille, il devait exprimer ses sentiments en quelques pages dont l'on donnait lecture en public. Parfois, c'était une manière de biographie : le catéchumène racontait ses aventures, énumérait ses déboires. D'autres fois il rappelait la vie, il célébrait la mission du Précurseur ; ou, plus ambitieux, il se permettait quelques aperçus synthétiques sur le passé et l'avenir de l'humanité. Il lui était loisible aussi d'indiquer les avantages de la religion nouvelle sur les religions traditionnelles, et de dire pourquoi, en particulier, il croyait devoir donner congé au catholicisme.

Sur ces thèmes négatifs plus d'un ouvrier, à ce qu'il semble, eût aimé à insister. Les directeurs sont obligés d'ajourner, parce que trop pleine de flèches à l'adresse du catholicisme, la profession de foi de Rossignol, fils de concierge, qui tenait, paraît-il, des discours enflammés aux domestiques qu'il réunissait dans la loge paternelle. Mais on laisse Rousseau, orfèvre de la Cité, déclarer : « Ce n'est pas un sacrifice que je fais en repoussant la foi catholique, ou du moins je ne le compte pas pour tel, vu que la religion nouvelle que j'embrasse m'offre à parcourir un champ plus vaste et mille fois plus beau, pour le bonheur universel de mes semblables. » Voinier est plus sommaire, plus tranchant encore : « Mes pères et mes mères, le jour est donc arrivé où je vais avoir le plaisir de prendre place au nombre des enfants de Saint-Simon, en renonçant à la religion catholique. J'y renonce, vu son insuffisance au jour où nous sommes. » Et Rodier père, l'un des plus naïfs, semble-t-il, l'un des plus gauches (on est sûr, du moins, que sa profession de foi n'a pas été corrigée) : « Nous ne formerons plus qu'une seule famille. Ce ne sera plus comme dans la religion de mes pères, que j'ai suivie jusqu'à présent, où je n'ai eu que des peines et des traverses... Il me souvient que du temps de ma jeunesse les prêtres catholiques de nos pays tenaient les malheureux dans la servitude empêchant qu'ils n'apprennent de l'éducation, afin de les tenir toujours dans la servitude. « C'est ainsi que le saint-simonisme, — fortune paradoxale, — devenait dans la main des ouvriers parisiens une manière de bélier, qu'ils se plaisaient à retourner contre les portes des cathédrales gothiques ; beaucoup d'entre eux voyaient, dans la profession de foi saint-simonienne, un moyen d'exprimer solennellement une vieille passion anticléricale. Il est vrai qu'une Suzanne Voilquin, après avoir entendu une élévation de Ch. Lambert, à la rue Taitbout, écrit : « Ma fibre religieuse en fut profondément émue : je pourrais donc, me disais-je, reconquérir ma place dans la vie générale ! » mais de pareils cris sont rares. On n'a pas l'impression que les tailleurs, les chapeliers, les menuisiers recrutés par les « pêcheurs d'hommes » soient pour leur propre compte tourmentés par l'infini. Sans doute, assez d'autres soucis, plus pressants, barrent leurs perspectives. Cette soif de religiosité à laquelle un Ballanche avait donné une si magnifique expression était surtout, peut-être, une soif d'intellectuels lassés et déçus. Les plus exaltés des adeptes de la foi nouvelle sont des polytechniciens, qui deviennent mystiques pour avoir été trop « brutiers », comme ils aimaient à dire : pour avoir abusé des explications mécanistes

Célestin Bouglé

et des déductions mathématiques. Quant à la multitude souffrante qui se groupait autour d'eux, c'est aux « améliorations matérielles » entrevues, escomptées, qu'allaient naturellement tous ses rêves. Et le seul dogme que les membres du Degré des ouvriers aimaient à retenir de la révélation saint-simonienne, c'était celui qu'ils appelaient— en tirant un peu violemment de leur côté les idées de leurs « Pères » — le saint dogme de l'égalité.

*

* *

Si les saint-simoniens ne réussirent pas toujours à transformer en un véritable sentiment religieux la peine des travailleurs, ils firent du moins tout le possible pour l'empêcher de s'exprimer en brusques gestes de révolte. Parce qu'ils ont pris à leur compte, en face des privilégiés , la revendication des déshérités, et en face des oisifs, la protestation des producteurs, on a parfois tendu à les rendre responsables de l'effervescence qui se manifeste, peu après 1830, au sein du prolétariat français. Les procureurs d'alors n'eussent pas été fâchés de les englober, eux aussi, parmi les préparateurs d'émeutes.

Rien de plus injuste. Les misères qu'ils voient et touchent de plus près, depuis qu'ils ont organisé le Degré des ouvriers, redoublent sans doute l'impatience que les saint-simoniens éprouvent en face du désordre industriel. Et souvent—l'éloquence aidant, — à la fraternelle pitié dont leur cœur déborde un bouillonnement de colère s'ajoute. L'un d'entre eux, Baud, parlant le dimanche soir à la réunion des ouvriers, se confessera d'avoir sermonné les bourgeois, le matin, avec une âpreté excessive : indigné de ces yeux qui restaient secs, il a été « un peu trop ce Dieu qui menace et foudroie ». Mais ceux mêmes à qui de pareils mouvements échappent se hâtent de s'en excuser. Ils savent bien qu'ils ont forfait à la règle de la Doctrine : rester calme et répandre le calme est le devoir d'an saint-simonien qui se respecte. C'était ce que ne manquait pas de rappeler Enfantin, qui prêchait d'exemple. Dans les réunions les plus mouvementées, au milieu des discussions les plus émouvantes un superbe sang-froid ne l'abandonnait jamais. Promenant sur l'assemblée le tranquille regard d'un magnétiseur sûr de sa force, il s'efforçait de trouver les paroles qui apaisent. Docile à l'inspiration d'Enfantin le saint-simonisme, sur les vagues qu'il voyait s'enfler autour de lui, a passé son temps à filer de l'huile.

L'émeute, en ce temps-là, devient une habitude, une manière d'institution. Les pavés ont à peine le temps de rentrer dans leurs alvéoles. Pour la guerre des rues, étudiants et ouvriers des faubourgs sont toujours prêts à fraterniser. Aux juges qui lui demandaient sa profession, Considère jette cette réponse caractéristique : « Émeutier ».Bien loin de se laisser aller à cet entraînement, les disciples de Saint-Simon sont des premiers à réagir contre lui. Ils ont pu connaître les uns ou les autres, dans leur jeunesse, la fièvre des barricades : tel d'entre eux a commencé par être un chef de conspirateurs. Mais leur conversion les oblige à dire adieu à ces méthodes romantiques. A leurs yeux, les bouleversements de la rue ne peuvent plus que retarder la solution du vrai problème, qui est d'ordre économique. De tels chocs sont contraires en tout cas à cette loi d'amour dont le monde a par-dessus tout besoin. C'est pourquoi les rues ravagées, les vitres brisées, les volets percés par les balles sont aux saint-simoniens des visions intolérables. Ils honnissent le « pavé du peuple » autant que la « baïonnette bourgeoise ». Empêcher le retour de l'émeute, ce sera une de leurs idées fixes.

Aussi ne savent-ils trop comment accueillir la fameuse descente des canuts lyonnais sur Lyon effrayé. Le drapeau noir que ceux-ci promènent, avec la devise qui devait appeler tant de commentaires, c'est sans doute, pour une société qui s'abandonne au « laissez-faire, laissez-passer », un salutaire avertissement ; mais c'est aussi un précédent des plus dangereux. Avant tout il faut éviter que cela se répète. C'est pourquoi, parlant aux ouvriers parisiens, les saint-simoniens refuseront aux journées de Lyon la consécration de la gloire accordée aux journées de juillet. « Le drapeau qui a été élevé à Lyon, s'écrie Olinde Rodrigues, est un grand symbole Mais l'événement de Lyon ne sera jamais un glorieux événement. Ah ! jamais la gloire ne s'attachera au sang versé parmi les membres d'une même famille, entre des travailleurs... » Et, pour parer à l'influence d'un mauvais exemple, faisant appel à l'amour-propre de la capitale : « Paris doit répéter Lyon ? Paris n'a jamais répété personne [1]. »

Si pourtant le malheur veut qu'à nouveau les terribles faubourgs se mobilisent : « Viendrez-vous tous avec moi, femmes et enfants,

---

1 *Le Globe,* 18 décembre 1831.

Célestin Bouglé

sans armes, vous jeter entre les combattants avec vos écharpes bleues ? » — « Oui », jure l'auditoire ému. « Alors, il n'y aura plus d'émeutes. »

« Il n'y aura plus d'émeutes », avec quel soupir de soulagement le saint-simonien s'enchante de cette perspective ! Amener le privilégié et le déshérité à s'embrasser — comme s'embrassèrent Pennekère et M. de Beaufort, le jour de la confession de Baud, au milieu des acclamations et des larmes de l'assemblée — c'est le triomphe du saint-simonisme. Ses adeptes ne sont jamais plus contents que lorsqu'ils ont réussi à éteindre au cœur des prolétaires ces feux de haine que trop souvent la misère y allume. Lenoir, à la mission de Toulouse, appelé en témoignage par Grenel, loue ses pères de lui avoir fait oublier « ces sentiments haineux qu'il partageait avec ses anciens compagnons de travail ». « Voici dès lors, ajoute-t-il, comment j'ai compris ma tâche dans le saint-simonisme : contribuer autant que je pourrais à arrêter l'effet des passions populaires en montrant aux ouvriers que les moyens violents sont précisément contraires à leur intérêt... faire aimer les riches aux pauvres, les pauvres aux riches. » Apôtres de la paix entre les nations, les saint-simoniens pensent n'être que logiques en prêchant ce qu'on appellerait aujourd'hui la paix sociale. Entre patrons et salariés ils aperçoivent bien des intérêts antagoniques ; mais ils comptent que l'association universalisée triomphera de cet antagonisme même. Les prolétaires demeurent à leurs yeux, comme les femmes, les « êtres de paix » par excellence, qu'une ère de violence comprime injustement : il leur appartient, en se pliant aux conditions d'une production plus rationnellement organisée, d'enseigner enfin la paix au monde.

La France n'est-elle pas d'ailleurs la terre la plus favorable à l'accomplissement de cette mission ? Il faut se souvenir que jusqu'en 1830 c'est l'Angleterre qui passe pour le pays des tumultes industriels. Saint-Simon réclame pour les prolétaires français, comparés à leurs frères anglais, une indéniable supériorité morale : ils sont les plus capables de s'entendre en toute sympathie avec leurs maîtres naturels, les directeurs de l'industrie ; ils sont les plus sociables, en somme, et par là même les plus maniables. C'est en France que la main blanche et la main calleuse s'étreignent le plus facilement. C'est là que le bloc industriel a le plus de chances, par suite, de

1. SAINT-SIMONIENS ET OUVRIERS

résister aux causes de rupture. Longtemps les disciples conservent sur ce point l'illusion du maître. Olinde Rodrigues se plaît encore à opposer, en 1831, l'attitude des ouvriers saint-simoniens à celle des émeutiers de Manchester : « Vous, vous ne menacez personne ; vous attendez que ceux qui se sont constitués vos avocats, vos pères, vous fassent entier en association avec ceux qui jusqu'à ce jour vous ont méconnus. »

Pour entretenir, ou pour reconstituer ces tendances pacifistes au cœur des ouvriers, le mieux était sans doute d'assouplir ceux-ci à la hiérarchie si précieuse aux yeux des saint-simoniens. Sur ce point ils s'efforcent de ne pas transiger. Ils maintiennent que le peuple doit s'incliner devant ceux qui sont en effet ses maîtres naturels, c'est-à-dire ceux qui sont désignés, non point par une hérédité aveugle, mais par des capacités vérifiées. L'obéissance, clans ces conditions, est la vertu primordiale. Enfantin y insiste, en louant Flachat d'avoir donné l'exemple de cette vertu : « Aujourd'hui ce sentiment-là est profondément caché, écrasé, et presque perdu chez les hommes. Aujourd'hui on ne sait pas ce que c'est que d'aimer un supérieur, et encore moins de s'attacher à un inférieur. Voilà pourquoi il est si simple que les inférieurs rendent si peu d'amour pour si peu d'amour. Toi qui sais sentir et aimer tes supérieurs, tes inférieurs, tu es bien à la place qui t'est assignée. Tu sauras enseigner parce que tu sais pratiquer cet échange d'amour que nous appelons l'autorité saint-simonienne. » Et là-dessus revient le refrain pacificateur : « Eh bien ! mes enfants, avec de tels chefs l'émeute n'est plus possible... »

Le souci de la hiérarchie à sauver, pour le salut de tous, empêche les saint-simoniens de faire la moindre concession au système électoral. « Voix du peuple, voix de Dieu », à aucun degré ils ne sauraient admettre cet acte de foi. Ils veulent bien se dévouer tout entiers à la masse, mais non pas s'en remettre à elle. C'est pourquoi partout où ils aperçoivent germe ou résidu de quelque institution démocratique que ce soit, ils croient que tout est perdu. Malgré leur élan socialiste, les Owenites leur paraissent faire fausse route, « car ils se fondent, dans leurs groupes, sur le principe de l'élection par en bas ».

A fortiori les saint-simoniens se défient-ils des petites sociétés secrètes qui foisonnent en ce temps-là, et qui commencent à rêver de substituer, par un coup de main hardi, la République à la monarchie. Méthode immorale et idéal chimérique. Lorsqu'une combattante de Juillet, Julie Fanfernaut, — tempérament ardent, surexcité par le souvenir de journées héroïques, — voudra adhérer à la Doctrine sans rien répudier de ses gestes de révolutionnaire ou de ses rêves de républicaine, les Pères feront front contre elle. Et Olinde Rodrigues, — le même qui devait se réveiller, sous l'exaltation de 48, pour proposer une Constitution dont la devise aurait été : « Tout pour le peuple et par le peuple », — Olinde Rodrigues à ce moment-là déclarait, ni plus ni moins que Guizot parlant du suffrage universel : « La République est impossible ».

*

* *

Comment les ouvriers saint-simoniens recevaient-ils ces conseils ? De quel cœur respectaient-ils la sacro-sainte hiérarchie ? La vie, à l'intérieur de cette petite société-modèle, était-elle toujours aussi facile qu'elle aurait dû l'être, si ses membres avaient été touchés jusqu'aux moelles par la grâce saint-simonienne ?

Quelques rapports laissent à penser que la régénération était loin d'être complète. En dépit des embrassades ménagées entre représentants des prolétaires et représentants des bourgeois, la distinction des classes subsiste. Des membres du Degré, ouvrier se plaignent que lorsqu'ils ont l'occasion de se mêler aux bourgeois, lors des prédications, les rangs restent marqués. « Plusieurs de mes filles à bonnet, écrit Clouet, se plaignent de recevoir moins d'égards que les dames à chapeaux qui vont à la prédication. Je leur ai fait à cette occasion un petit enseignement sur l'intérêt bien entendu de la classe la plus nombreuse. Elles inclinent à penser que les formes des introducteurs ne sont pas les mêmes pour tous. »

Ailleurs c'est la jalousie des ouvriers vis-à-vis les uns des autres qui montre sa pointe. Tels honneurs décernés aux uns font murmurer les autres. Le frère de Brion a été introduit au Degré préparatoire, puis au Salon : Brion n'est pas content. On a fait entrer un certain nombre d'industriels — les plus distingués sans doute par ce que les rapporteurs appellent leurs « virtualités » — au Degré des bourgeois. À éviter, écrit Brosset, du VIe arrondissement : « C'est un sujet de jalousie pour les autres ».

D'ailleurs le principe même de la hiérarchie saint-simonienne semblait, aux adhérents plébéiens, un peu dur à accepter. Vinçard — qui est pourtant de si bonne composition — nous en fait la confidence. Les idées de ses directeurs de conscience sur l'autorité sacerdotale, et cette espèce de papauté relevant, non du vote libre de tous, mais d'une sorte d'inspiration personnelle, lui paraissent « exorbitantes ». Le classement des capacités aussi lui fait l'effet de quelque chose de tyrannique « Eh bien quoi ! me disais-je, l'homme n'aurait pas de lui-même la connaissance, l'intuition de ce qu'il est apte à faire ? Ce sont des *classeurs* qui, de leur propre autorité, nous parqueront à tout jamais, ainsi que des moutons, dans un cercle d'assujettissement dont nous ne devrons jamais sortir ? » Et quels seront ces classeurs ? Et en vertu de quel droit leur autorité sera-t-elle établie ? Beaucoup d'ouvriers, lorsqu'on leur expliquait le futur fonctionnement de la société régénérée par l'esprit saint-simonien, devaient ainsi hocher la tête. En tous cas, la façon dont les principes de l'École étaient appliqués ne leur donnait pas toujours satisfaction. Dans la machine si soigneusement construite les frottements, voire les grincements, n'étaient pas rares.

Le rapport qui nous en transmet le plus d'échos est celui de Parent, du XIe arrondissement. Ce Parent est évidemment un mauvais esprit, un esprit hypercritique. Il ne passe rien à la Doctrine. Il n'atténue aucune difficulté — aucune de ces difficultés où devaient plus d'une fois se heurter, de nos jours, les successeurs des saint-simoniens. Les malentendus, insinue-t-il, étaient à prévoir. Les apôtres chrétiens étaient des artisans, de petites gens, des hommes du peuple ; les saint-simoniens sont des intellectuels. Et ils sont parfois malhabiles à parler le langage du peuple. À ces rencontres ils devaient gagner, pensait Enfantin, la spontanéité qui leur manquait. Les ouvriers, en attendant, y perdent la leur. Ne les sent-on pas gênés, et comme humiliés, dans ces réunions où on les endoctrine ? Pour leur développement intellectuel, il vaudrait mieux sans doute « les laisser dans un état de liberté ». Et pour le progrès social de leur classe il faudrait, au lieu de les grouper par arrondissements, les grouper par genre d'industries, « au risque de reconstituer les corporations ». À ces conditions le saint-simonisme ne pourra plus être accusé de constituer une « société de dormeurs ».

Le programme est hardi, et gros de conséquences. À ce risque

Célestin Bouglé

de reconstituer les corporations les saint-simoniens sont sensibles, comme la plupart des esprits dans le premier tiers du dix-neuvième siècle : le souvenir des abus des maîtrises et jurandes était trop frais encore. Mais ils commencent à se rendre compte que si l'on veut porter remède aux excès de la libre concurrence, des groupements professionnels sont nécessaires, qui devraient être, non pas seulement des sociétés de secours mutuels, mais des sociétés de résistances : on dira, cinquante ans après, des syndicats.

L'idée que la classe ouvrière doit, pour se sauver et sauver le monde, s'organiser syndicalement est en germe dans l'esprit de ces saint-simoniens avertis par leurs déceptions mêmes. Et ce sont là des germes qui, en se développant, disjoindront les pierres de beaucoup de vieux édifices, que les fils de Saint-Simon eussent voulu respecter.

*

*   *

Ces groupements par genre d'industries ne furent pas organisés. Les deux ateliers, de couturières et de tailleurs, qu'on avait essayé de faire vivre végétèrent, puis disparurent. Les deux maisons communes, celle de la rue Popincourt et de la rue de la Tour-d'Auvergne, furent abandonnées. La Famille se dispersa aux quatre vents. Non pas seulement, comme beaucoup de fidèles aimèrent à le croire, parce que la discorde se mit au camp des pontifes. Les prétentions singulières d'Enfantin réclamant pour le couple sacerdotal une liberté supérieure, furent sans aucun doute, pour la secte, une terrible cause de trouble et de découragement. Il convient d'ajouter qu'en tout état de cause une entreprise comme celle du Degré des ouvriers suppose une énorme consommation de dévouement, de respect, de confiance mutuelle. Pareil niveau moral ne se soutient pas longtemps, dans un milieu historique où tout conspire à l'abaisser. Les apôtres découragés retournèrent bientôt dans leurs familles, à leurs métiers, à leurs affaires (quelques-uns devinrent, en effet, des hommes d'affaires éminents). Seule demeura une poignée de pauvres gens que l'Église avait réconfortés, qui n'oublièrent pas la douceur de ces effusions collectives, et firent tout leur possible pour ne pas se perdre de vue. Les plus fortunés continuèrent à visiter, à aider les autres. On réussit à mettre sur pied, en 1861, une société de secours mutuels, *les Amis de la famille,* humble témoignage d'un grandiose effort : une si haute marée laisse à la grève ce coquillage menu...

Gardons-nous cependant de conclure que le saint-simonisme a passé par-dessus la classe ouvrière sans agir sur elle, sans favoriser son action. Il l'a aidée de plus d'une manière. Non pas seulement par le vocabulaire qu'il a estampillé, par des notions comme celles de « l'exploitation de l'homme par l'homme » ou du « progrès par l'association » que les agitateurs socialistes, à la veille de 48, ne manquent pas d'accueillir et de colporter. Le saint-simonisme mène au socialisme par une autre voie. Il hâte comme malgré lui, au cœur des prolétaires qu'il s'efforce d'enrôler, la fermentation du sentiment ouvrier ; il aide sans le vouloir à la préparation de ce qu'on appellera plus tard la « conscience de classe » des prolétaires. Ces frères inférieurs ne sont pas impunément réunis, instruits, entraînés à la parole. Parmi eux et, à leur exemple, autour d'eux, des propagandistes se forment qui bientôt voudront défendre par eux-mêmes, et à leur façon, sans demander la permission, sans recevoir le mot d'ordre de personne, la cause des travailleurs. Un amour-propre ouvrier se dresse, qui laisse voir bientôt sa susceptibilité.

Lorsque Michel Chevalier, l'un des plus ardents prédicateurs saint-simoniens, devenu presque l'un des économistes attitrés du gouvernement impérial, laissera tomber sur la classe ouvrière, en 1842, l'accusation de paresse et d'ivrognerie, le bon Vinçard se chargera lui-même de le rappeler un peu rudement à l'ordre : décidément on voit bien, écrira-t-il, que ce philanthrope n'a pas passé « par tous les trous de filière du prolétariat, par toutes les tortures de la vie nécessiteuse de l'ouvrier ». Dans les *Poésies sociales des Ouvriers,* qu'Olinde Rodrigues réunit et publie en 1841, au milieu des hymnes d'amour et de paix qui devaient réjouir le cœur de l'éditeur, plus d'une sombre malédiction s'élève. Méditant sur Paris et sur le tranquille sommeil de l'oisif : « Quoi ! je n'oserais pas démasquer cette race... » s'écrie Francis Tourte. Et L.- M. Ponty, décrivant l'existence lamentable des « Truands modernes », ne peut contenir ce qu'il appelle lui-même un « chant colérique », un « hymne de mort ». Il se trouvera bientôt des journalistes prolétaires pour faire chorus avec leurs frères poètes. C'est parmi les anciens auditeurs des prédications saint-simoniennes que se recrutent les premiers fondateurs de journaux ouvriers, qui mettront

Célestin Bouglé

leur orgueil à ne plus admettre de collaborateurs bourgeois, si bien intentionnés qu'ils puissent être. Et lorsqu'en 1843 Flora Tristan lance l'audacieux projet de l'*Union Ouvrière,* elle répète encore les formules saint-simoniennes, mais avec un accent nouveau : appelant à s'associer pour se défendre, pour « extirper la misère » tous ceux, quelle que soit la diversité de leurs métiers, qui travaillent de leurs mains et vivent de leur travail, elle se plaît à nommer leur classe, en faisant sonner haut ce nouveau titre de gloire, la classe la plus nombreuse et la *plus utile.*

« Émancipation des travailleurs par les travailleurs eux-mêmes », ce cri de défi, qui conclut le *Manifeste, communiste,* n'éclate pas encore. Mais à plus d'un signe l'explosion s'annonce. L'idée est dans l'air.

À A cette manière nouvelle de poser la question sociale, nombre d'esprits, dans les faubourgs, se préparent peu à peu. En dépit de lui-même le saint-simonisme devait contribuer à cette préparation. Les fondateurs du Degré des ouvriers sont eux aussi des initiateurs débordés. La pente du siècle aidant, le socialisme aristocratique des fils du Messie-gentilhomme sera l'un des fourriers de la démocratie sociale.

2. LE FÉMINISME SAINT-SIMONIEN

On ne reproche plus guère aujourd'hui, aux doctrines socialistes, de couvrir de leur drapeau l'immoralité sexuelle. Les procureurs les plus attardés ont renoncé à ce thème. Il fut pourtant classique pendant de longues années. Lorsqu'on faisait le procès des communistes, ou de leurs ancêtres, on ne leur reprochait pas seulement d'en vouloir à la propriété privée ; on ne manquait pas d'ajouter qu'ils comptaient aussi, pour délivrer l'humanité, briser les liens sacrés du mariage, et ne complotaient rien de moins que la communauté des femmes. Nul doute que le souvenir de ce dernier grief n'ait été pour beaucoup dans l'espèce d'horreur sacrée que le seul mot de socialisme, et à plus forte raison celui de communisme, ont longtemps inspirée aux honnêtes gens.

À qui la faute ? À quel moment, sous quelles influences s'est formée cette fâcheuse auréole ? Le fouriérisme sans doute en est pour une bonne part responsable : l'apologie systématique des passions, à laquelle se livrait avec complaisance l'auteur des *Quatre mouvements,* sa prétention de remplacer en tout et pour tout la contrainte par l'attraction, ses préférences pour la « Papillonne », qui veut la variété non seulement en matière de travail mais en matière d'amour, tous ces traits, sur lesquels les caricaturistes de la doctrine insistaient à plaisir, concordaient à répandre l'impression que le socialisme ne rêvait qu'Abbayes de Thélème, où les gens de mœurs faciles se donneraient rendez-vous.

Mais plus encore que le fouriérisme, le saint-simonisme prêta le flanc à ces accusations : le saint-simonisme, tel du moins que le Pape Enfantin voulut l'entendre. On n'avait plus ici à compter seulement avec les théories plus ou moins extravagantes d'un inventeur ; une secte se dressait vivante et agissante ; et le premier dogme qui lui était prêché, celui qu'elle avait mission d'inculquer au monde, c'était la *réhabilitation de la chair :* sous prétexte de faire de la femme l'égale de l'homme, toute licence en amour aux femmes comme aux hommes, et d'abord aux prêtres ! C'est ce que beaucoup de contemporains comprirent, ou voulurent comprendre.

Le scandale fut vif, et savamment entretenu. Il servit longtemps, dans les milieux bien pensants, à jeter le discrédit sur tout le socialisme.

La « révélation » d'Enfantin eut heureusement d'autres effets. Il ne sera pas inutile de les indiquer, après avoir rappelé ce qu'il voulait au juste, et sous quelles influences il l'a voulu.

*
* *

Sur un point au moins l'opinion ne s'est pas trompée : un moment vient où le problème de la femme est en effet pour le saint-simonisme le problème central, et comme l'obsession collective de ses adeptes.

L'École n'éprouve-t-elle pas le besoin de le marquer jusque dans son titre ? En 1833, elle subit l'épreuve de la persécution. Le soupçon d'immoralité, joint à l'accusation d'escroquerie, a donné gain de cause au procureur. Enfantin, Chevalier, Duveyrier achèvent dans les prisons du roi l'élaboration de la doctrine. Cependant la

Célestin Bouglé

troupe des fidèles restés libres brûle de l'appliquer. Pour chercher la femme rêvée et attendue par le Père une « mission » sera envoyée jusqu'en Orient. Et Barrault l'éloquent, toujours prêt à trouver des titres et des formules, — heureux aussi peut-être, en l'absence d'Enfantin, défaire acte d'initiative, — décide que les vrais saint-simoniens devront désormais s'appeler *les Compagnons de la Femme*. Quelques apôtres, il est vrai, font bande à part ; ils renient l'autorité de Barrault. Mais ils s'intituleront de leur côté, *Croyants à l'égalité de l'homme et de la femme*. Ainsi il apparaît que, moins de sept ans après la mort de l'auteur des *Cahiers des industriels,* sur l'industrialisme qu'il avait planté, s'est greffé un féminisme, dont la végétation surabondante cache presque le tronc primitif. La doctrine saint-simonienne, en se développant, a plus d'une fois changé son personnage principal. Au début, ce sont les savants que *l'Habitant de Genève* voudrait pousser au premier plan. À d'autres moments les banquiers prennent la tête. Puis la lumière se concentre sur les prolétaires. Finalement la femme paraît et accapare l'attention : dans sa gloire, dirait-on, tout le reste s'évanouit.

Changement de plan et déplacement d'intérêt bien faits pour surprendre Saint-Simon lui-même, s'il en avait pu être témoin. Enfantin se plaît à répéter, comme pour mieux faire apprécier la nouveauté de son Évangile : « Saint-Simon n'a jamais parlé de la femme. » Est-ce tout à fait exact ? Au dire de Rodrigues, Saint-Simon dans ses derniers Entretiens aurait le premier lancé cette formule dont l'École devait tirer tant de conséquences : « Le véritable individu social, c'est le couple. » Bien des années avant, lorsqu'il prononce son jugement — si dur — sur l'Angleterre, il donne comme preuve des inconséquences où elle se complaît la situation faite aux femmes : les brebis, selon lui, y sont mieux protégées contre les mauvais traitements ! Mais tout compte fait, il semble bien que la femme n'ait tenu grande place ni dans la vie ni dans la pensée de Saint-Simon. S'il se marie, c'est à seule fin, paraît-il, de pouvoir traiter à sa table les savants dont la conversation l'instruisait. D'Eichthal dira plus tard, non sans dédain, que dans la vie de Saint-Simon on ne trouve jamais que la servante : un peu moins que chez Socrate ! C'est pourquoi il ne pouvait être le révélateur complet.

Du moins Saint-Simon prononce-t-il, dans ses derniers jours, deux paroles qui permettent de prévoir le sens où son École va s'engager :

« Souvenez-vous que pour faire quelque chose de grand il faut être passionné. » — « On a eu tort de conclure que le système religieux tendait à s'annuler. » Paroles prophétiques, en ce qui concerne désormais les destinées de l'École : nombre de ceux qui la formèrent ressentent en effet, au lendemain de la mort du maître, le besoin d'une vie religieuse, et d'une vie religieuse où pourraient s'épanouir enfin toutes les spontanéités du sentiment : ce vœu à lui seul — le vœu romantique par excellence, pourrait-on dire — ne devait-il pas tourner naturellement leur pensée vers la femme ?

On sait qu'entre 1820 et 1840, fatiguée de tant de secousses brutales et d'efforts déçus, la France cherche une foi apaisante : le mysticisme redevient à la mode. Plus vivement que beaucoup d'autres les saint-simoniens devaient en éprouver l'attrait. Peut-être parce que plus longtemps que les autres ils ont été des intellectuels ; et des intellectuels occupés à étudier les lois de la matière. Parmi eux beaucoup de polytechniciens, qui ont d'abord pensé en « brutiers », comme on disait alors. Une heure vient où ils sont comme sursaturés de mathématiques et de physique : ils étouffent, dans l'atmosphère des abstractions. Sur leurs fronts qui brûlent ils implorent, ils appellent l'onde du sentiment qui rafraîchit et régénère. Croyants d'autant plus passionnés demain qu'ils auront été hier des esprits critiques plus avertis. Ajoutons que les saint-simoniens comptent dans leurs rangs plus d'un représentant de la race messianique. Les juifs gardent toujours le don de prophétie, dira d'Eichthal : ils en font profiter l'École où ils prennent place. Eugène Rodrigues surtout, âme toujours frémissante, propage autour de lui la fièvre religieuse ; bientôt, emporté par la mort, après une touchante histoire d'amour contrarié, il garde dans le souvenir de l'École figure d'annonciateur. On pense accomplir sa volonté suprême en cherchant à créer, non plus seulement un centre de recherches et de réflexions sur le progrès de l'industrie et ses conséquences, mais un vaste foyer d'amour.

Autour de ce foyer la place des femmes n'était-elle pas toute marquée ? Pouvait-on sans leur concours espérer une régénération du monde par le sentiment ? Quand le cœur recommence, comme dira Comte, son insurrection contre l'esprit, l'heure de la femme

Célestin Bouglé

n'est pas loin de sonner. N'a-t-on pas reconnu, de tout temps, à sa sensibilité spéciale, le privilège de ces intuitions spontanées après lesquelles soupire l'homme qui a abusé de l'intelligence ? En cherchant la religion comme il la cherchait, le saint-simonisme devait logiquement trouver la femme sur son chemin. Pour l'application de sa méthode nouvelle, elle était l'instrument désigné.

Il lui suffisait d'ailleurs, pour qu'il fût amené à se pencher sur elle, de développer le programme posé par le maître lui-même. Viser « l'amélioration matérielle et morale du sort du plus grand nombre », faire cesser enfin toutes les formes de « l'exploitation de l'homme par l'homme » ; c'était l'idéal légué par Saint-Simon, dans le *Nouveau christianisme*, à l'École qui voulait devenir une Église. Mais dans l'armée des déshérités, à y bien regarder, les femmes ne sont-elles pas toujours au premier rang ? Ne sont-elles pas presque partout soumises à une exploitation éhontée ? C'est contre elles du moins que l'on peut se permettre légalement des abus d'autorité de toutes sortes. Abus d'autant plus choquants qu'on leur a ôté systématiquement le pouvoir, si même l'on n'a pas tué en elles jusqu'à l'envie de la protestation. Pas plus que l'ouvrier la femme n'a encore obtenu dans le monde moderne la possibilité de donner sa mesure et d'essayer librement ses facultés. Elle réclame la première les soins du saint-simonisme régénéré par la religion.

La femme offre en même temps à l'Église nouvelle un incomparable appui : celui de sa naturelle douceur. Le saint-simonisme veut l'affranchissement des exploités : mais sans bouleversements, sans violences, sans batailles. C'est toujours son premier article de foi : il vient apporter la paix au monde. Contre l'émeute, si fréquente à cette époque, il élève une protestation inlassable : le pavé des barricades lui est aussi odieux que la baïonnette des Suisses. Son ambition est d'être avant tout une puissance de conciliation : par la seule force de la persuasion il entend renouveler le monde. Comment dès lors n'invoquerait-il pas le secours de la femme ? Si tant de brutalités persistent, c'est la preuve qu'on n'a pas fait appel assez tôt à son lénifiant ministère.

Vidal le déclare aux jurés de Montpellier : « Ce n'est que par la douce influence des femmes que peut s'opérer pacifiquement l'affranchissement du peuple. » Elles seules, disait Enfantin dès 1831 dans son Ve Enseignement, pourra apporter l'apaisement à « ce

2. LE FÉMINISME SAINT-SIMONIEN

monde de faillites et d'émeutes, de jeu et de fraude, de misère et de débauche, de suicide et de meurtres. » En 1837, à la Cour d'assises, dans les paroles rythmées qu'il adressait aux jurés il reprenait le même thème :

Oui, je vous le dis encore,

Dieu ne vous enverra

La Paix, l'Ordre et la Liberté

Que vous cherchez en vain parmi vous,

Hommes,

Que par les femmes.

Et Barrault, dont le lyrisme est exaspéré par le ciel d'Orient s'écrie : « O mère, ange que Dieu envoie au monde, c'est dans ta blanche main que reposera, glorieux et paisible, le globe qu'essaya d'enserrer la main sanglante des Césars. »

On reconnaît dans cette dernière formule une antithèse qui fut dès le début et qui resta jusqu'au bout chère au saint-simonisme, la même qui servira de centre à la sociologie de Spencer : l'antithèse entre l'ordre militaire et l'ordre pacifique. Le progrès de l'humanité est un passage de celui-ci à celui-là. L'Exposition de la doctrine saint-simonienne développe cette idée de toutes les façons. L'association humaine devient chaque jour plus large : la guerre recule, emportant avec elle mœurs barbares et pratiques dominatrices, tout l'appareil de force qu'elle a si longtemps imposé au monde. On est bien loin, pensent les saint-simoniens, d'avoir tiré encore toutes les conséquences de ce changement d'axe. L'une des plus précieuses à leurs yeux est précisément qu'il permet aux femmes de passer au premier plan. Leur cause est liée à celle de la paix. Leur intervention vient comme achever un mouvement de l'histoire : la logique de l'évolution conspire avec leur cœur. Un jeune poète-ouvrier, à qui les saint-simoniens votèrent une écharpe d'honneur, Mercier, exprimait en ces vers la mission de la femme.

Retiens les bonds de ton coursier fougueux,

Noble soldat, et redresse ta lance,

Célestin Bouglé

Cessez vos cris, vos transports belliqueux :
Libre, en vos rangs une femme s'avance.

Sa voix en travailleurs changeant vos bataillons,
Elle saura bientôt calmer toutes les haines,
Et dans nos vastes plaines
Le fer de nos mousquets creusera des sillons,

Refrain

Parmi nous, femme douce et chère,
Viens pacifier l'univers,
À ses enfants viens donner une mère,
Vois, nos bras et nos cœurs te sont toujours ouverts.

Ainsi le féminisme des saint-simoniens se lie étroitement à leur pacifisme. Et le sentiment d'espoir que la femme leur inspire est exalté et magnifié par leur foi dans la paix, dont elle est la prêtresse désignée. Par la religion que son cœur doit alimenter, elle ne fait rien moins qu'accomplir la loi préfixée par la philosophie de l'École.

Un sentiment qui pouvait se rattacher à tant de principes familiers devait acquérir une solidité particulière, et résister à toutes les objections. De fait les nouveaux croyants, chevaliers de la Femme, supportent avec impatience les avertissements même des plus bienveillants de leurs frères.

Ils n'aiment pas qu'on leur rappelle qu'il y a d'autres questions, ni qu'on leur suggère d'autres solutions. Cappella, Toussaint trouvent que l'on dévie, ou que l'on piétine. N'avait-on pas annoncé qu'on allait non pas seulement fonder le « parti des travailleurs », mais chercher, par l'industrie réorganisée, à améliorer leur sort ? Or, le choléra les moissonne. Leur misère empire. Et l'on ne fait rien, que des hymnes à la femme. « L'élément industriel se meurt dans la doctrine. » « Faudra-t-il donc, disait de son côté Ollivier, vivre de

2. LE FÉMINISME SAINT-SIMONIEN

rêves tant que la femme ne sera pas là ? »

À quoi Enfantin répond à sa manière : *Oculos habent et non vide-bunt.* Comment ne voyez-vous pas le prestige et la force d'attraction supérieure que gagnera la doctrine lorsque les femmes s'en mêleront ? Comment ne comprenez-vous pas que sans leur main délicate les blessures mêmes qui vous attristent et vous épouvante le plus, celles du corps ouvrier, ne sauraient se fermer ? Michel Chevalier de son côté a averti Béranger qu'il ne faut pas songer à obtenir ni à l'extérieur une paix digne de ce nom, ni à l'intérieur une loi sur les céréales qui en vaille la peine tant que les femmes ne se seront pas mis en tête de « faire quelque chose pour le peuple ».

« Rien de grand en politique ne se fera sans elles. Aucune grande amélioration ne sera opérée sans elles. Aucune grande expédition n'aura plus lieu sans qu'elles l'aient voulue et qu'elles y prennent part. »

Ainsi l'idée féministe envahit en quelque sorte toute la conscience des nouveaux croyants. Ils s'acheminent vers cette conviction impérieuse : toutes les erreurs de la civilisation tien rient à ce fait que l'homme a oublié les droits et les pouvoirs de la femme. Tant qu'elle ne sera pas solennellement réhabilitée, définitivement affranchie, point de salut, pour personne, à espérer.

*
* *

Mais comment entendre cette réhabilitation, cet affranchissement ? Sur quels points, pour le rendre possible, faut-il rectifier les institutions ou les mœurs ? C'est ici que le nouveau Pape s'embarrasse, et que les plus graves difficultés attendent son Église.

Le véritable individu social doit être un couple. On prêtait cette formule à Saint-Simon, On la retrouvait chez Fourier. Elle fut, dit-on, le point de départ de la réflexion des saint-simoniens sur la situation faite aux femmes. Mais il est à noter qu'elle ouvre plus d'une perspective : les points d'arrivée peuvent être très éloignés l'un de l'autre. En fait, Auguste Comte aurait accepté cette thèse, Proudhon aussi, tout au moins lorsqu'il reprend l'idée de l'Androgyne et y voit le nécessaire organe de la justice. Ni l'un ni l'autre

Célestin Bouglé

pourtant ne songent à affranchir la femme. Et ils demeurent bien plus près de Bonald que d'Enfantin.

Ajoutons que le saint-simonisme religieux se présente initialement comme une restauration du sentiment de la hiérarchie. Fidèle sur ce point aux répugnances de Saint-Simon lui-même, anti-égalitaires en même temps qu'anti-révolutionnaires, il veut des supérieurs qui classent, des inférieurs qui obéissent. On aurait donc pu attendre assez logiquement du saint-simonisme une théorie du couple qui fût elle-même une théorie hiérarchique ; elle aurait rappelé à la femme que l'unité de l'individu social implique la subordination d'un de ses éléments à l'autre ; elle lui aurait offert des raisons nouvelles de s'incliner devant les antiques devoirs.

La pensée saint-simonienne ne prit pas cette route. *Croyants à l'égalité de l'homme et de la femme*, ce fut un des titres choisis après 1833, nous le rappelions, par certains adeptes de l'école. Mais, dès avant 1830, c'est bien l'égalité que le révélateur promet à la femme. L'Égalité et la Liberté : sentiments révolutionnaires, principes individualistes, legs du dix-huitième siècle, qui viennent s'encastrer, dirait-on, dans le vocabulaire hiérarchique des saint-simoniens, comme des fragments de lave dans le mur d'une église.

Que la femme soit traitée en égale et que sa liberté essentielle soit respectée, conditions inéluctables en effet, pense Enfantin, pour que cesse enfin l'exploitation brutale et sournoise dont elle est victime. Mais voici le point où il se sépare des tendances individualistes : il ne voit d'émancipation possible de la femme que dans et par le couple. C'est sur la régénération de l'unité domestique qu'il concentre tout son effort : d'une réforme du mariage il attend la restauration des droits comme l'accroissement des pouvoirs de la femme.

De cette réforme du mariage on a dit qu'elle tendait à sa dissolution systématique : la promiscuité était au bout. Enfantin avait le droit de protester contre cette déformation de sa pensée. Si au couple-prêtre il réservait en effet, sous des formes qu'il restait d'ailleurs à déterminer, des privilèges ou des charges assez équivoques, ce qu'il réclamait pour le commerce des hommes et des femmes, c'était tout simplement la liberté du divorce. Il reste vrai qu'il justifiait cette requête par une argumentation tranquillement audacieuse où se mêlaient de la plus curieuse façon principes fouriéristes et principes saint-simoniens, vivifiés les uns et les autres par ces leçons de la vie qu'Enfantin ne pouvait manquer de collectionner : le révélateur s'aidait chez lui des expériences du prêtre-confesseur.

Pour marquer ce que le rêve d'Enfantin doit à l'inspiration fouriériste, il ne suffit pas de rappeler que pour Fourier la libération de la femme est la mesure même du progrès.

Il faut creuser plus avant dans la doctrine. Il faut remonter jusqu'à l'optimisme qui fonde, chez l'inventeur « harmonien », l'apologie des passions. Optimisme amoral, comme on dirait aujourd'hui, et même directement hostile à ce que Fourier appelait déjà le « moralisme » : il déclare la contrainte odieuse parce qu'inutile. Fourier distingue bien des variétés de passions. Il refuse d'en condamner aucune. Les assouvir en les employant toutes, c'est sa prétention. Toutes ont leur place marquée dans la maison du Seigneur — pour peu qu'elle soit seulement rebâtie selon le plan fouriériste. Ne retrouve-t-on pas des traces de ce même esprit dans la théorie des diverses « natures » qu'élabore Enfantin ? Il y a selon lui des natures faites pour la constance. D'autres ont besoin de variété. Celles-là, aptes aux affections profondes et durables, sont les « immobiles ». Aux autres les impressions vives, mais passagères : ce sont les « mobiles ». Celles-ci ne méritent-elles pas comme celles-là que l'on tienne compte de leurs tendances ? Faut-il continuer de faire peser sur elles une contrainte trop lourde ? Vous ne condamnez plus la jeune veuve à un veuvage éternel ; condamnerez-vous la mal mariée à un mariage plus triste que le veuvage ?

Ainsi, comme Fourier plaidait naguère pour ceux qu'il disait atteints de la « papillonne », Enfantin plaide pour les inconstants. Et comme Fourier demandait plus de variété dans le travail, Enfantin réclame plus de liberté dans l'amour. Laissons du moins les « mobiles » aller à des unions nouvelles, — pour peu seulement que ces unions les élèvent en effet à un niveau de vie supérieur et soient bien, comme on disait dans le langage de l'École, des unions « progressives ».

Dans ces convictions, peut-être suggérées par des influences fouriéristes, telles expériences que pouvait accumuler Enfantin,

Célestin Bouglé

consolateur et confesseur, contribuaient sans doute à le confirmer. L'une des premières femmes qu'il eut à réconforter était justement l'une de ces natures vives, primesautières, attirantes, piquantes que l'on voit mal murées dans la tristesse des souvenirs. Quand son mari mourut, happé par une machine dans sa fabrique, Elisa Vandermag pensa mourir aussi. Mais une vie ardente était en elle, et émanait d'elle, qu'elle ne pouvait longtemps comprimer. Cette jolie jeune veuve que l'on sentait consolable continuait comme malgré elle à faire des conquêtes. Ne faillit-elle pas faire perdre la tète au prédicateur Duveyrier ? Lorsque Enfantin plaide pour les natures vives et mobiles, il n'est pas douteux que la touchante et troublante image d'Elisa passe et repasse devant ses yeux de fascinateur fasciné.

Pitié bientôt généralisée d'ailleurs, elle ne tarde pas à s'étendre sur toutes les incomprises, sur les déchues, sur les révoltées. Avec une préférence hardie le nouveau sauveur se penche sur les abîmes où gémissent tant de malheureuses. La réprobation dont on les accable constitue-t-elle ou un obstacle à leur chute ou un remède à leurs maux ? Ni l'un ni l'autre. En face de ces situations qu'il est lâche de voiler, force est donc de prendre une attitude nouvelle. Lorsque Claire Bazard apprit que Jules Lechevalier, l'un des apôtres, se proposait d'épouser une actrice, elle protesta au nom des honnêtes femmes outragées, elle signala le danger d'ouvrir la nouvelle Église à des femmes de mœurs trop libres. Mais Enfantin, précisément, n'entendait plus souffrir qu'elles fussent mises au ban. Leurs manières d'être mêmes avaient à ses yeux l'avantage de poser des problèmes que les sociétés civilisées devaient avoir à cœur de résoudre. Il déclarera plus tard, dans une séance solennelle, en recevant Julie Fanfernaut : « Oui, nous avons besoin de femmes qui sortent des habitudes ordinaires de la vie féminine imposée par la loi chrétienne ». Il rend grâce aux hors-la-loi de remettre sous les yeux du monde la nécessité de changer la loi. Il se fait l'avocat de celles qui restent « païennes », comme pour nous forcer au plus difficile, au plus salutaire des examens de conscience. Il défend lui aussi, lui d'abord, qu'on insulte la femme qui tombe : combien de fois d'accusée ne pourrait-elle s'ériger en accusatrice ?

Avant que Proudhon ne lance son fameux hymne à Satan, il entonne une sorte de *gloria* aux « Anges rebelles ».

2. LE FÉMINISME SAINT-SIMONIEN

« En présence de ces femmes, unies par leurs douleurs et par les désordres que leur révolte enfante, frappé de la puissance prodigieuse qui est étouffée et torturée de mille manières dans ces êtres réprouvés par l'Église, anges rebelles qu'elle a en vain foudroyés depuis dix-huit siècles, filles de Satan qu'elle a crucifiées dans leur esprit, ne pouvant les crucifier dans leur chair, démons qu'elle a méprisés, avilis, damnés », il sent, il veut que tout le monde sente la nécessité d'une révision des valeurs. Si l'on est enfin décidé à chasser du monde les deux brebis tarées, la prostitution et l'adultère, il faut qu'une loi plus souple laisse du champ aux passions qui, chaque jour, sournoisement, les ramènent au milieu de nous. Si l'on veut cesser de vivre dans une hypocrisie qui est la pire des conceptions, il faut cesser de réprouver ce qu'on ne peut réprimer : il faut faire la part du feu, il faut mener jusqu'au bout la réhabilitation de la matière.

Réhabilitation de la matière : Enfantin retrouvait ainsi, pour justifier les aspirations que lui suggérait le spectacle du monde, une vieille formule saint-simonienne. Mais il y insinuait un contenu nouveau. Du moins faisait-il passer au premier plan des éléments jusque-là laissés dans l'ombre. La réhabilitation de la matière n'est d'abord autre chose, pour les saint-simoniens, que la réhabilitation du travail. Fidèles en cela encore aux vœux des Encyclopédistes, ils ne veulent plus que soient méprisés, maintenus dans l'ombre, renvoyés au bas de l'échelle, ceux qui manient la matière et dont l'industrie fabrique les mille produits nécessaires à l'humanité civilisée. Relève la tête, producteur ; réclame ta juste part d'honneur et de pouvoir : c'est le premier sens de la formule.

Sur cette première interprétation une interprétation voisine se greffe aisément. On entend réhabiliter non pas seulement le travail, mais les besoins auxquels il satisfait. Et si certaines classes, celles précisément qui fournissent à l'œuvre de production leurs énergies actives, voient mal satisfaits leurs besoins vitaux, on proclame qu'elles ne doivent pas avoir honte de revendiquer, front levé et mains tendues, un peu plus de bien-être. « Le bonheur — entendez le bonheur du peuple — est une idée neuve en Europe », disait Saint-Just. Plus consciencieusement que personne les saint-simoniens ont prôné cette idée. Leur lyrisme d'ingénieurs-apôtres répudie l'ascétisme, célèbre le progrès de l'industrie non pas seule-

Célestin Bouglé

ment pour la puissance qu'elle donne à une élite sur les choses, mais pour le bien-être qu'elle met, qu'elle doit mettre à la portée de la masse. « Il faut, s'écriera Duveyrier, que le peuple respire à l'aise, qu'il se chauffe, qu'il se rafraîchisse, selon que le ciel est de glace ou d'airain ; il faut qu'il soit fier de son repas, de son vêtement ; il faut qu'il danse, qu'il chante, que les délices des arts n'aient point pour lui de mystères, afin que les traits de son visage soient toujours épanouis ». Ailleurs il demande à Dieu, pour le peuple, « une vie d'ouvrier-géant, rayonnant la gloire et le plaisir ».

Par cette pente Enfantin était naturellement conduit à la réhabilitation des sens eux-mêmes. Le problème qu'on s'était posé d'abord pour la vie économique, il se le pose pour la vie conjugale. Et il demande tout simplement, avec une simplicité intransigeante, que l'on transpose dans l'ordre des relations entre sexes les solutions à la fois organisatrices et libératrices rêvées pour le travail. En amour il importe de faire disparaître non pas seulement les exploitations injustes, mais les contraintes inutiles. Mais le peut-on si l'on continue à ne pas avouer ce qui crève les yeux ? si l'on continue à jeter sur les protestations de la nature un voile d'hypocrisie ? si l'on ne relève pas enfin la chair de l'anathème dont la tradition chrétienne l'a si longtemps couverte ?

« Guerre à la tradition chrétienne », allait-ce donc être le mot d'ordre de ces chevaliers de la femme, héritiers enhardis de l'auteur du *Nouveau Christianisme* ? Oui et non. Ils combattront le christianisme, mais en saint-simoniens, toujours prêts à emprunter quelque chose à leurs adversaires mêmes, et à leur dire merci en leur donnant congé. La philosophie de l'histoire familière à l'École opère ici son miracle accoutumé : ceux qui ont choisi cette colonne de lumière pour guide sont à jamais empêchés de reprendre envers les traditions qui firent la grandeur du moyen âge, l'attitude toute critique et négative des iconoclastes du dix-huitième siècle. Réaction nécessaire contre les excès du naturalisme païen, le christianisme n'a pas eu tort, pensent-ils, d'exalter avant tout l'esprit. Son spiritualisme a même concouru à rehausser infiniment le prestige de la Femme. Une femme élue, mère du Christ, demeure la plus compatissante des intermédiaires entre Dieu et les hommes. Nulle religion plus que le christianisme n'a glorifié la femme. Mais en même temps qu'il la glorifie il l'humilie. Il l'écarte de la fonction sa-

2. LE FÉMINISME SAINT-SIMONIEN

cerdotale. Il la confine dans une vie diminuée. Il paraît croire que si on lui laissait quelque liberté, par ses charmes et ses caprices, Satan aidant, la chair redeviendrait tyrannique. C'est dire que la religion chrétienne en est restée à la conception « dualiste » du monde. Elle voit partout des antithèses fatales. Quant aux synthèses possibles, elle ne les aperçoit pas. Au saint-simonisme revient précisément cette mission, la plus sainte, parce que la plus humaine de toutes : faire cesser le duel séculaire. L'heure des réconciliations fécondes a enfin sonné entre l'esprit de l'antiquité et celui du moyen âge. Chacune des deux thèses opposées a été poussée à l'extrême et s'est réfutée par l'absurde : il est temps de conclure en harmonisant. On retiendra l'hommage rendu à l'esprit par le christianisme ; mais on relèvera la chair de l'excommunication lancée contre elle.

Dès 1830, écrivant au correspondant anglais d'Eugène Rodrigue, Enfantin se trace cet ambitieux programme : « Il faut être à cheval sur les deux rameaux du tronc universel ; il faut remonter les deux fleuves vers leurs sources communes. »

Prendre des deux mains, réconcilier, synthétiser, telle est bien l'ambition caractéristique de ces révélateurs-historiens, promulguant leur loi nouvelle du haut d'une théorie de l'évolution sociale. Et c'est cette même ambition qui amène Enfantin à son rêve suprême, inquiétant chef-d'œuvre d'une exaltation sentimentale servie par une inexorable logique. Nous voulons parler des privilèges du couple-prêtre. Loi vivante, idéal incarné, ne faut-il pas qu'il assemble en lui toutes les perfections imaginées par les hommes, et que sa nature soit comme le commun foyer des natures divergentes ? Dès lors de quel droit rangerait-on le prêtre ou la prêtresse parmi les *immobiles* plutôt que parmi les *mobiles* ? Il importe qu'ils participent aux deux natures. Ils devront réconcilier, en langage platonicien, l'unité et la variété, le repos et le mouvement. C'est dire que sans cesser d'être unis, chacun des deux conjoints du couple sacerdotal pourra agir, non seulement par l'esprit mais par les sens, sur tel de ses inférieurs qu'il aurait besoin ou de surexciter ou de calmer. Liberté hors-cadre indispensable au couple-prêtre pour qu'il puisse représenter le révélateur complet et remplir jusqu'au bout son office social.

Célestin Bouglé

Après toute cette philosophie mi-fouriériste, mi-platonicienne, et hégélienne aussi, voilà au bord de quels abîmes son désir de synthèse conduisait Enfantin ! Ses collaborateurs effarés avaient-ils si grand tort de déclarer qu'il ne tendait à rien moins qu'à réhabiliter le droit du seigneur, et qu'en effet, par de telles fantaisies, le lien familial était décidément compromis ?

Il faut dire qu'Enfantin lui-même sent le danger. Arrivé au bord de l'abîme il recule. Il ne veut plus regarder. Il ne veut rien préciser. À dessein il demeure dans le provisoire et dans le vague. Pour formuler la loi définitive des relations entre les sexes, il prie qu'on le supplée. Habitué à promulguer ses révélations de haut, le voici tout à coup qui s'humilie. Il remet ses pouvoirs de législateur. À qui ? À la Femme elle-même. Une femme mieux qu'un homme peut prononcer la Loi de convenance suprême. Ce qu'a pu avoir de brutal la parole du révélateur, immoral peut-être par souci d'une moralité supérieure, elle l'adoucira, elle l'adaptera aux exigences mystérieuses de la na ture féminine.

L'important, c'est que pour dire les mots qui délient et relient, la femme soit libre en effet, et, que les hommes, respectueux, soient prêts à « l'écouter en fermant les yeux ».

Cet appel à la femme, ce fut la plus belle invention d'Enfantin ; ce fut du moins— si l'on veut écarter ici tout soupçon de machiavélisme, — la plus belle trouvaille de son instinct de chef de secte. Il ne se tire pas seulement d'embarras en ajournant les solutions précises. En remettant à la première intéressée le soin de préciser, il se donne, au bon moment, l'avantageuse apparence d'une délicatesse suprême. Enfin et surtout il crée, dans le petit groupe qui lui garde confiance, un état d'attente et d'espérance inquiètes, sorte d'hypnose collective tout à fait propice à l'exaltation religieuse.

On comprend qu'Enfantin ait insisté sur ce thème.

Trouvaille inattendue, en somme. Les saint-simoniens appartiennent plutôt, en règle générale, à la race des systématiques autoritaires. Ils ne sont pas ordinairement si respectueux de la liberté des gens qu'ils prétendent sauver. Lorsqu'ils décident de fonder le parti des travailleurs, et donnent le pas dans leurs préoccupations à la question ouvrière, ils ne cessent pas pour autant d'édicter des plans, auxquels devront se plier leurs frères ouvriers. Conscients de leur capacité intellectuelle, ils considèrent que leur premier devoir est d'ordonner, c'est-à-dire à la fois de combiner et de commander. De nos jours nous avons assisté à l'effort d'une école à la fois bergsonienne et syndicaliste qui, s'appuyant à une philosophie de l'intuition et de l'action, posait comme premier principe qu'il fallait avant tout respecter la spontanéité ouvrière et attendre avec une discrétion méthodique les règles que sa vie même, efforts professionnels et élans révolutionnaires mêlés, ne manquerait pas de lui suggérer. Tactique dont on a pu dire qu'elle nous menait précisément aux antipodes du système saint-simonien. On négligeait seulement d'ajouter que cette même attitude, qu'il n'avait pas su prendre vis-à-vis de la classe ouvrière, le saint-simonisme la prend vis-à-vis du sexe féminin. Devant la femme il dépouille son orgueil scientifique et déclare attendre l'oracle d'une spontanéité législatrice.

L'attente, ce fut le titre d'une ardente prière que composa Enfantin au lendemain de sa condamnation.

« Grand Dieu ! j'ai fait ta volonté,, j'attends ta nouvelle parole... J'attends, et la douce voix que tu m'as promise se tait ! Que ce silence est lourd à mon âme ! Et pourtant je te rends grâces, ô mon Dieu ! J'avais besoin de te sentir muet en moi pour avoir foi en elle autant qu'en moi-même ; j'avais besoin de te chercher...

Attendre ! Attendre ! Que fait-elle à cette heure ! Depuis si longtemps que je l'aime ! Dis-moi, mon Dieu, dis-moi si déjà elle m'aime aussi...

Et ces enfants que ta bonté m'a donnés, Père ! c'est pour eux surtout que je te prie...

Ils souffrent, ô mon Dieu ! Ils souffrent car parmi les hommes tu les as choisis hommes de désir et d'amour ; ils souffrent, car les apôtres de l'affranchissement de tes filles ne peuvent vivre longtemps privés de la moitié de leur vie... »

Les apôtres vivent en effet dans l'énervement. Ils se demandent les uns aux autres : « Ne vois-tu rien venir ? » Ils scrutent l'horizon. Ils notent les signes. Les audacieuses entreprises de la duchesse de Berry en France, de Marie-Christine en Espagne — sans compter la mort de Napoléon II et le retour d'une comète — n'annoncent-elles pas que l'année 1833 doit être l'année de la *Mère ?*

Célestin Bouglé

Elle paraîtra. Et non seulement, prophétisait Michel au fond de sa prison, chacun de nous trouvera dans son cortège « celle qui de sa vie complétera la sienne », mais encore l'univers réconcilié avec lui-même connaîtra de magnifiques journées « de gloire et de bonheur, de richesse et de poésie ». La hiérarchie ne sera plus lourde ; la grâce de la femme ne rend-elle pas l'autorité séduisante ? Les luttes ne seront plus brutales ; la douceur de la femme n'impose-t-elle pas l'humanité à l'homme ?

Ainsi les nouveaux croyants en viennent à attendre de la femme de véritables miracles. L'âge d'or est devant nous, avait dit Saint-Simon. La femme en tient la clef, pensent les saint-simoniens. Ils lui remettent le soin d'aplanir, d'un geste de sa main blanche, toutes les difficultés où ils se sont heurtés, comme celui de panser toutes les plaies dont ils sont meurtris. Ils n'ont pas réussi à convertir le monde bourgeois. Ils ne réussissent guère à sauver le monde ouvrier. Poursuivis par la justice, caricaturés par les journaux, hués par les foules dans les rues, et au total — c'est le plus dur — ignorés du plus grand nombre, leurs déceptions accumulées alimentent les ardentes invocations qu'ils ne cessent d'adresser à la femme.

Mais bientôt l'attente passive ne leur suffit plus. Ils veulent aller au-devant de la Libératrice. Il leur faut l'action, ou tout au moins le mouvement. Il faut à leur secte persécutée l'exutoire des migrations. Sur Paris qui les méconnaît ils ont secoué la poussière de leurs souliers : ils ont « cassé » la ville de plaisir au profit de Lyon, ville de travail. Lyon est trop près encore, et trop connu. Ce n'est pas en France, ce n'est pas en Occident que la Femme Messie se révélera. Elle se cache sans doute en des régions plus lointaines, plus mystérieuses. Vers l'Orient ! le mot d'ordre éclate dans la bouche de Barrault inspiré. L'Orient, berceau des religions, l'Orient terre du rêve, l'Orient patrie regrettée de tous les romantiques, où l'exubérance de la nature exaspère les sensibilités : la femme y est plus humiliée qu'ailleurs ? raison de plus pour qu'elle s'y révèle, et sous ce ciel de feu proclame la loi nouvelle. « C'est là, disait Hoart, que beaucoup, dont la nature est aventureuse et bouillante, trouveront leurs épouses. » C'est là aussi que sera scellée définitivement la libération du monde entier, la réconciliation de la chair et de l'esprit.

Une petite troupe prit la mer à Marseille, débarqua à Constantinople, où Barrault avait déduit que la Femme devait se révéler

— et salua respectueusement toutes les filles d'Orient qu'elle put rencontrer.

Le grand Seigneur ne tarda pas à prendre ombrage de ces fous qui faisaient du scandale. Il les envoya prophétiser à fond de cale et les fit débarquer à Smyrne. Le « voyage messiaque » finit dans le marasme. Une partie des apôtres alla rejoindre en Égypte Enfantin libéré. Il leur rendit courage, s'efforçant de les détourner doucement de l'espérance obsédante que lui-même leur avait suggérée, et que la Femme n'exauçait point. L'industrie n'était-elle pas en elle-même, après tout, le meilleur appel à la Femme ? « Le globe, voilà notre fiancée, notre mère pour le moment. Embrassons, caressons la terre. » En termes moins lyriques reprenons pelle et pioche en main. Dressons le barrage du Nil. Préparons l'isthme de Suez. Déçus par la Femme les apôtres vont redevenir ingénieurs.

*
* *

La crise de mysticisme féministe que le saint-simonisme traversa fut par bien des côtés tragique. Elle fit plus d'une victime. Enfantées dans la douleur, les audacieuses théories enfantèrent de la douleur à leur tour.

On a plus d'une fois rappelé l'extraordinaire spectacle que donna la famille saint-simonienne bouleversée et bientôt déchirée par les révélations du Père. Après les longs et violents débats des deux Papes, Enfantin et Bazard, arpentant jour et nuit la bibliothèque de la rue Monsigny — « deux mondes aux prises », disait Raynaud — quand le collège eut à faire œuvre de concile et à prendre parti sur l'évangile enfantinien, l'exaltation collective fut à son comble : confessions publiques, délires prophétiques, extases, catalepsies, rien ne manque à ces scènes, dignes des anabaptistes, remarquait Louis Blanc, documents précieux pour quiconque étudie la psychologie des sectes [1].

« Nous avons été une fournaise, écrivait Duveyrier, et dans ce brasier, nouveau buisson ardent d'où la voix mâle de l'homme devait cette fois faire appel à la femme, combien de passions mauvaises se sont tordues ! que de soupirs, de pleurs, de rudes angoisses ! que

---

1 *Oeuvres*, IV, 139, Cazeaux, quand ce fut son tour de parler, se leva, et, dans l'attitude d'un homme qui semblait dormir debout, étendit la main vers les Pères, et articula lentement ce qu'il disait apercevoir en eux.

Célestin Bouglé

de jours sans repos ! de nuits sans sommeil ! »

Celles qu'on voulait libérer ne furent pas, cela va de soi, les dernières à souffrir. Directement ou indirectement, beaucoup de femmes furent atteintes au cœur par le geste d'Enfantin : beaucoup, dans la suite, eurent à pleurer des larmes de sang. Dès les premiers temps de la prédication les femmes étaient venues nombreuses au saint-simonisme : attirées, elles, non seulement par l'éloquence des orateurs, mais par cette atmosphère de religiosité, qui écartait de prime abord beaucoup d'auditeurs. Lorsque le Degré des ouvriers fut constitué, beaucoup d'ouvrières — repasseuses, tresseuses, brunisseuses, matelassières — prirent rang parmi les catéchumènes. Et l'on trouva, pour servir de « directrices » aux douze arrondissements, des femmes très distinguées, qui prirent tout à fait au sérieux— rapports et professions de foi en témoignent — leur apostolat. Glaire Bazard partageait avec Fournel l'honneur de diriger le Degré. Avec elle, Cécile Fournel et Aglaé Saint-Hilaire furent admises à faire partie du collège. L'Église saint-simonienne eut donc ses « sœurs », devant qui le débat fut porté. De la crise morale déchaînée par le rêve d'Enfantin, des femmes furent témoins, et bientôt victimes.

La première à saluer est celle qui resta jusqu'au bout dans l'ombre et ne connut le saint-simonisme que par Enfantin ; l'amie fidèle qui lui donna un fils, et à qui il refusa de donner son nom, Adèle Morlane. Six cents de ses lettres sont conservées aux Archives de l'Arsenal. Et on y peut suivre longtemps l'effort désespéré de l'amante qui, mère, veut se faire épouser : un cri de colère parfois, puis une résignation feinte, une patience adroite, la force de sourire à travers les larmes. Rien ne put fléchir Enfantin. Ne fallait-il pas que le prêtre illuminé attendît la Femme révélatrice, qui devait occuper le fauteuil laissé vide à côté de lui sur les estrades ? Même lorsque cette espérance s'éteignit au cœur des croyants, Enfantin se refusa à un mariage selon la loi chrétienne. C'eût été se renier, pensait-il. On l'a loué de cette dure fidélité à ses principes. Il faut dire qu'avant même de les poser il refusait avec énergie de s'embarrasser d'Adèle. Dès 1827, sur le papier d'une lettre où elle laisse entrevoir ce qu'elle rêve pour l'avenir il brosse ainsi son propre portrait : « Tu me dis que tu es pour moi tout ce que j'ai désiré que tu fusses. Il me semble que non. Je suis très entêté, ce qui est à peu près la même chose, que entier ou despote. Moins on s'abandonne à moi, moins je me livre moi-même. En un mot, je *veux être adoré.* » Quel éclair ce dernier aveu ne projette-t-il pas sur la psychologie d'un prophète qui fut peut-être un trop bel homme, et trop conscient de sa puissance fascinatrice ! Lorsque quelques années plus tard, les idées d'Enfantin sur la femme et sa mission prirent corps, Adèle Morlane — sa « pauvre pleureuse », comme elle disait, — put se consoler en songeant qu'un dogme supérieur, non un caprice personnel, exigeait son humiliation continuée, et que son chagrin refoulé préparait les voies d'une loi nouvelle.

Pour que la hardiesse de cette loi échappât aux interprétations malicieuses, et que les nouveaux Apôtres ne fussent pas soupçonnés de ne chercher qu'un paravent pour leurs propres passions, le révélateur, lorsqu'il organisa la Retraite à Ménilmontant, leur commanda le célibat. Ainsi des ménages unis durent se séparer, et d'autres sources de larmes furent ouvertes. Cécile Fournel, la « timide Cécile », pensa mourir. Après la prise d'habits de son Polyeucte, la Pauline saint-simonienne veut d'abord s'expatrier ; puis elle revient rôder autour du couvent nouveau : « Comment, écrivait-elle à Enfantin, ai-je pu porter l'oubli de ce que je me devais à moi-même jusqu'à venir chercher mon exil ici, près du lieu où il se renfermait, sans autre espoir que de respirer le même air que lui ? Pourquoi ? C'est que je n'ai pu soutenir la vue de sa douleur. C'est que je l'aime... » Et cette douce plainte s'élève qui tourne en terrible réquisitoire : » Ah ! je vous en conjure, songez de quelles affections ce pauvre ami était entouré ! Notre amour était bien un amour d'avenir et cependant vous nous avez séparés, comme ceux qui souffraient d'être ensemble ; vous avez rompu notre union, la plus tendre, la plus complète que j'aie connue. Il le fallait, dit-on ! Je ne murmure point : Je voulais seulement vous prier de l'aimer assez pour qu'il ne souffrît pas, pour qu'il pût retrouver dans votre amour de père la compensation de celui que mon cœur de femme lui conserve sans que sa vie puisse en être embellie, sans que chaque heure qui s'écoule vienne la lui révéler comme dans le passé... »

D'autres ruines encore se laissent apercevoir : le petit monde saint-simonien connut par expérience adultères, divorces, suicides même. Claire Bazard, que M. Weill appelle la véritable reine du saint-simonisme, dont Suzanne Voilquin nous dit l'éloquence facile et l'autorité un peu sèche, elle qui se scandalisait à l'idée que Lechevalier pourrait épouser une actrice et eut un sursaut de dégoût la première fois qu'Enfantin [1], dans une promenade aux Tuileries, laissa transparaître ses théories, Claire Bazard elle-même fut détournée de ses devoirs par un certain Marguerin, qui revint plus tard au catholicisme et donna par ailleurs beaucoup de tablature à la secte. D'autres maris-apôtres, Rodrigues, Flachat, avaient éprouvé, au témoignage d'Enfantin, la même « disgrâce ». Bazard prit la sienne avec une grande dignité. Il ne voulut point se séparer de sa femme, victime, disait-il, d'une situation fausse et d'une vie anormale.

Suzanne Voilquin, elle, la « fille du peuple » qui montra tant d'énergie dans l'expédition d'Égypte, libéra son mari. Elle découvrit chez lui, sur le tard, une tendance à la mobilité. Une jeune saint-simonienne l'attirait. Suzanne voulut divorcer, pour qu'ils pussent s'épouser. Et elle exposa dans un article de la *Tribune des femmes* les raisons de son sacrifice, qu'elle offrait à la religion nouvelle.

Celle dont les malheurs eurent le plus de retentissement fut Claire Démar. Cette petite femme brune, aux traits réguliers, à l'air fin et un peu dur, au langage abondant mais heurté, ne chercha guère dans le saint-simonisme, au témoignage de Voilquin, que la licence d'aimer. Au reste la doctrine eut de la peine à la détacher des « idées républicaines ». Le sentiment qu'elle inspira à un jeune ouvrier, Perret-Desessarts, ne suffit pas à l'attacher à un monde qui la méconnaissait et où elle portait, dans la misère, « le vif sentiment d'une valeur native sans cesse refoulée ou flétrie ». Ils se suicidèrent, comme plus tard une autre rédactrice de la *Tribune des Femmes*, Marie-Reine Flichi, passée au fouriérisme et qui ne voulut point céder à son amour pour un des propagandistes de la doctrine phalanstérienne, comme aussi plusieurs ouvriers-poètes, Jules Mercier, Chanu, Charles Cille à qui Vinçard, dans ses *Mémoires épisodiques d'un vieux chansonnier saint-simonien,* donne un souvenir mélancolique.

Aux uns comme aux autres, aux prolétaires exaltés comme aux

---

1 « Tu pleures seule ? écrira Enfantin à Thérèse Flachat. Sais-tu qui nous donne cette prodigieuse cruauté ? C'est celui qui veut que la femme et le prolétaire soient affranchis — par nous. »

2. LE FÉMINISME SAINT-SIMONIEN

femmes affranchies, le tourbillon saint-simonien contribuait donc à tourner la tête. Beaucoup perdirent décidément l'équilibre. Lorsqu'en 1853, dans l'*Almanach des femmes,* Marie (Marie Talon sans doute) écrit un article sur l'École saint-simonienne, elle ne manque pas de noter que la thèse d'Enfantin ne fut pas seulement mal comprise au dehors ; elle entraîna, au sein même de la famille, plus d'une « erreur » de femme, cause « de pleurs amers et d'horribles souffrances ».

« Telle souffrait de ses liens, qui se crut le droit de les briser ; telle comprimait une passion, qui cessa de se contenir ; telle autre crut à la moralisation par l'amour, et se vit entraîner dans un précipice par celui qu'elle voulait sauver. »

« Et pourtant elles s'étaient aventurées avec un saint transport dans cette carrière où toutes ont perdu la paix et le bonheur, si ce n'est la moralité et la vie. »

Alfred de Vigny pensait-il à ces anges déchus, victimes eux aussi de la pitié, quand il écrivait *Eloa ?*

Marie continue ses réflexions mélancoliques : « Placée plus d'une fois au milieu de ces êtres que Dieu a voués aux épreuves de la recherche, j'ai pu comparer les conséquences aux principes, et, je dois le dire, l'amour de l'homme et de la femme n'ont rien produit dont l'âme ait à se réjouir. »

La saint-simonienne déçue conclut, farouche, qu'il ne peut décidément y avoir de femme libre que dans et par le célibat, en dehors, non seulement de toute domination, mais de toute influence d'hom- me : des vierges seules sauront être des rédemptrices.

*

* *

Les conclusions que les femmes tirent de cette crise, les principes qu'elles invoquent pour justifier leur conduite, les réformes générales enfin qu'elles réclament, voilà ce qui mériterait, plus encore que leurs peines d'amour, d'intéresser l'historien. On mesurerait ainsi ce qu'elles ont pu léguer à la pensée féministe d'aujourd'hui.

Beaucoup, parmi les saint-simoniennes, comprirent la nécessité de rédiger elles-mêmes leur programme. Elles ne se contentèrent pas d'organiser entre elles des souscriptions pour éditer les conférences qui les avaient enthousiasmées. Elles voulurent avoir leur

Célestin Bouglé

journal.

Et ce ne fut d'abord que le *Livre des actes,* où elles se contentaient de relater et de glorifier les faits et gestes des nouveaux apôtres. Ici encore elles demeurent comme agenouillées dans l'ombre et se contentent d'adorer. Mais bientôt parut un journal de doctrine, on pourrait presque dire — si l'expression ne détonnait pas, appliquée à l'École pacifiste par excellence — un journal de combat. L'amour-propre féminin y excluait les hommes de la collaboration, comme l'amour-propre ouvrier, plus tard, fermera le journal *l'Atelier* aux rédacteurs bourgeois. « La Femme Libre », la Femme nouvelle », « la Femme de l'Avenir », la Tribune des Femmes », tous ces titres successivement arborés disent assez l'esprit du journal. Aux souvenirs du saint-simonisme des formules du dix-huitième siècle reviennent se mêler : « Nous naissons libres comme l'homme... Nous naissons libres et égales à l'homme. » Conséquence : il est souverainement injuste et décidément intolérable que la moitié du genre humain fasse la loi à l'autre, alors surtout qu'un sexe est si malhabile à comprendre l'autre sexe. Que la volonté d'Enfantin soit donc obéie. Que la femme se confesse publiquement : si long-temps inconnue de maîtres aussi orgueilleux que brutaux, qu'elle suggère enfin elle-même la Loi qui convient à sa nature.

Difficile entreprise et qui n'alla pas sans heurts, on le devine à l'incertitude même de la rédaction, à la diversité des sons de cloche qui s'y font entendre. Nombre de ces émancipatrices, pour sauver plus sûrement l'honneur engagé, eussent préféré la tactique re-commandée par Enfantin aux apôtres de Ménilmontant ; elles fai-saient vœu, du moins, de ne point s'émanciper pour leur compte, et avant l'heure. Protestant avec indignation contre l'idée qu'on prêtait à la secte, — l'idée du « pêle-mêle » universel, — elles se promettaient, en attendant la Loi nouvelle, de se plier fidèlement aux règles chrétiennes. « La femme réservée, constante, modeste, inspire plus de confiance. »

De plus audacieuses réclamaient le droit de passer à la pratique et de donner l'exemple libérateur. Elles défendaient qu'on jetât la pierre à celles qui avaient jugé bon de ne point respecter des lois tyranniques. Gloire aux femmes qui brisent leur nature. Mais aus-si gloire aux femmes qui suivent l'instinct de liberté. Ici encore reparaît l'esprit de conciliation, le désir de synthèse : la première ambition des rédactrices est de se placer « entre les deux camps dont l'un est tout aussi exclusif dans sa régularité que l'autre dans son désordre », et d'employer toute leur « puissance conciliatrice pour faire cesser l'antagonisme qui est entre eux. »

Les préférences marquées pour un camp ou pour l'autre n'en demeurèrent pas moins dans la petite troupe un principe de division. On prit des emblèmes distinctifs. Aux chrétiennes la couleur dahlia. Aux païennes le ruban ponceau.

Celles-ci devaient bientôt trouver une interprète passionnée dans la personne de cette même Claire Démar dont l'audace n'a guère été dépassée parles novateurs les plus récents. Déjà dans la conférence intitulée *Liberté, femmes !* éditée par les femmes lyonnaises et composée par l'ardent Justus Pol, une belle part avait été faite aux bacchantes et le droit au bonheur avait été proclamé sans ambages : « La vie, c'est d'être heureux n'est-ce pas [1] ? » D'autre part, les correspondantes du journal laissaient voir parfois les rêves bovaryques que l'entreprise leur inspirait : « Femmes privilégiées, écrivait L. B., vous ne mourrez plus accablées sous le poids de l'ennui, de la satiété, de la monotonie et de la prison ; de nouvelles émotions vous attendent, de nouvelles amours rendront la vie à vos cœurs blasés, de nouvelles voluptés titilleront vos fibres engourdies. Oui, des jeunes hommes soupirent à l'écart, qui vous tendront la main quand libres enfin vous aurez échappé à la geôle des hommes égoïstes et jaloux. Oh ! qu'elles seront douces et embaumées ces unions libres ! »

Claire Démar fait la théorie de ces tendances. Elle reproche à Enfantin de s'être arrêté à mi-route. Il distingue entre les deux natures, la constante et l'inconstante. Mais la limite est-elle nette ? Toutes les natures n'ont-elles pas plus ou moins besoin de variété ? Ne faut-il pas du moins leur laisser à toutes la possibilité de varier ? Au fond, c'est par la proclamation de la loi d'inconstance que la femme sera affranchie, mais seulement par là ». D'autre part, si on réhabilite la chair, ne faut-il pas convenir qu'il est souverainement imprudent de lier pour la vie des corps qui ne se connaissent point. De là à demander une union d'essai il n'y a qu'un pas. Glaire Démar le franchit d'un cœur léger. Elle demande carrément « l'épreuve de

---

1 « Un Dieu bon et bonne, avait dit de son côté Ginoux, loin de torturer l'esprit et le corps de ses créateurs, les invite au bonheur. »

la matière parla matière, l'essai de la chair par la chair ». Ajoutons qu'elle se déclare impuissante à déterminer où finit la période d'essai, où commence la phase du mariage, que d'ailleurs elle proteste par principe, au nom même du mystère dont l'amour a toujours besoin, contre la publicité des unions, que pour finir elle fait bon marché du pouvoir de paternité, la paternité étant « toujours douteuse et impossible à démontrer » ; et l'on pourra conclure que Glaire Démar a peu laissé à trouver aux apologistes contemporains de l'union libre. Vidal, dans sa prison de Montpellier, occupé à balancer les antithèses, écrivait :

« La femme qui représente la chair a pour mission d'individualiser, de réclamer les droits de l'individu contre la société. »

Claire Démar du moins donne raison à cette prophétie.

Elle accomplit ce paradoxe : enter sur la tradition saint-simonienne un individualisme anarchiste exubérant.

*

* *

La pensée féministe, stimulée par les audaces d'Enfantin, ne se laissa pourtant pas enfermer tout entière dans le problème sexuel. Le débat fut élargi. La leçon des faits aidant, de tout autres revendications que celles de Claire Démar furent mises en vedette. On ne réclama plus seulement ni surtout l'émancipation en amour mais l'émancipation politique, et l'émancipation économique. Et là aussi l'on prépara dans l'ombre des idées qui devaient faire explosion en 48.

Dès 1829, dans l'*Organisateur,* en même temps que la nécessité de la réforme morale, la réforme politique est indiquée. « Notre soif d'égalité, assurait une des rédactrices, n'est que le besoin senti d'une association plus parfaite entre époux. Elle protestait qu'on voulait « être affranchies de la subalternité pour se mieux absorber dans l'unité conjugale. » Mais elle se plaignait en même temps de la « nullité absolue sous le rapport politique » à laquelle les femmes restaient condamnées. Mme de Staël reste consignée à la porte du collège électoral où son libraire se pavane : n'est-ce pas scandaleux ?

2. LE FÉMINISME SAINT-SIMONIEN

Dans ce même journal, où l'on promettait aux femmes privilégiées des émotions inédites, Marie Reine rappelle qu'il faut songer d'abord à celles qui ont besoin de travailler pour manger. Elle demande que leur soit facilité l'accès aux carrières industrielles, et qu'on ne les confine plus dans les états qui laissent à peine de quoi vivre. « Notre liberté morale ne serait-elle pas dérisoire si nous étions encore obligées de dépendre des hommes pour notre vie matérielle ? ». Une autrefois, après une visite au Tribunal, Marie Reine ajoute, — et le « réformisme » politique pointe ici ? — « Si nous n'avons jamais eu de représentants pour discuter et repousser les lois oppressives que vous formuliez contre nous, dites encore de quel droit vous voulez à tout jamais que nous y restions soumises ? »

Entre 1836 et 1838, la *Gazette des Femmes* va développer ce thème avec une obstination systématique. Le soleil de la Charte n'a-t-il pas lui pour tout le monde ? Louis-Philippe est sans doute le roi des Françaises comme des Français. Que l'on supprime donc de la légalité existante tout ce qui humilie sans raison les femmes. Qu'on ne se contente pas d'effacer du Gode cet l'article 213 qui consacre l'infériorité de la femme en la condamnant à une obéissance éternelle, d'abolir les peines contre l'adultère, de rétablir le divorce, mais qu'on permette aux femmes d'être jurées, et, en attendant un suffrage vraiment universel, qu'on accorde le droit d'élire aux femmes sans maris, aux filles âgées de vingt-cinq ans, aux veuves, aux séparées.

Présentée d'abord comme un journal de législation et de jurisprudence, la *Gazette des Femmes,* en 1837, arbora ce sous-titre : *Journal des droits politiques et civils des Françaises.* La Gazette avait la prétention de ne rien dire d'irritant et d'éviter toute exagération. Ses directeurs, M. et Mme de Mauchamps, ne furent nullement touchés de la grâce enfantinienne. La Bibliothèque de l'Arsenal conserve pourtant un exemplaire de la revue que M. de Mauchamps envoya à l'apôtre avec une dédicace : « Et moi aussi j'ai beaucoup connu Saint-Simon et je l'ai aimé ». La *Gazette des Femmes* fut l'un des organes qui travaillèrent à rapprocher esprit saint-simonien et tendances démocratiques.

Au feu de 1848 ce rapprochement devient fusion. Beaucoup plus profondément que Mme de Mauchamps la directrice de la *Voix*

Célestin Bouglé

des Femmes, Mme A. Boyet, est imprégnée de saint-simonisme. Ne fut-elle pas chargée, au Degré des ouvriers, de la direction du IVe arrondissement ? Vainement voudrait-elle cacher ses origines intellectuelles ; les thèmes que l'École a lancés passent et repassent dans la *Voix des Femmes.* On demande que les femmes citoyennes consacrent d'abord la vérité de ce principe : « À chacun selon sa capacité. » On y rappelle d'ailleurs qu'elles sont « prêtresses par leur nature ». On y répète enfin que la grande croisade des nations ne saurait plus être menée par l'homme seul « dès que le fer des instruments de guerre se transforme en instruments de travail ». Les souvenirs de ces principes se mêlent aux revendications que les circonstances inspirent. Les héritières de la pensée saint-simonienne iront porter des pétitions au gouvernement provisoire pour demander la nomination de déléguées près de la Commission de travail sur l'établissement d'ateliers nationaux pour les femmes. Désireuses de voir aboutir dans la paix sociale ces revendications pratiques, elles ne manquent pas de protester contre « celles qui troublent l'ordre et ajoutent à la rumeur des rues ». Elles ne sont pas moins empressées à rappeler qu'il n'y a « pas de développement public sans vertus privées, et pas de vertus privées sans respect pour la famille ».

L'une des plus décidées à décliner toute solidarité avec le sensualisme mystique d'Enfantin fut précisément l'une des plus ardentes à demander, en politique d'abord, l'égalité des femmes et des hommes. Aux élections de 1914, les réunions publiques ont reçu la visite de hardies citoyennes, qui venaient demander aux candidats leur opinion sur le suffrage féminin. Jeanne Deroin est leur ancêtre. A la Redoute, à la salle de la Fraternité, à la salle Montesquieu, elle mène courageusement une vraie « campagne électorale » auprès des hommes en attendant d'instituer un « cours de droit social à l'usage des femmes ». Toujours prête à assaillir l'Assemblée nationale, prompte à réfuter les objections d'où qu'elles viennent, elle gourmande le pasteur Athanase Coquerel qui n'a pas craint de déclarer à la tribune que la vie privée convient seule à la femme.

Trouvez-vous donc, lui demande-t-elle, que la nation n'a pas besoin pour son organisation intérieure, de l'esprit d'ordre et d'économie des ménagères ? Elle reprendra le même thème pour répondre, dans *l'Opinion des Femmes, au* véhément réquisitoire de Proudhon, le révolutionnaire qui demeure, quand la famille est en jeu, un paysan romain : « La mission de la femme en dehors de la famille ? Aider et rétablir l'ordre dans ce grand ménage mal administré que l'on nomme l'État et substituer une juste répartition des produits du travail à la spoliation permanente des durs labeurs du prolétariat. »

La ménagère citoyenne, bonne citoyenne, parce que bonne ménagère, c'est l'idée que s'efforce d'acclimater Jeanne Deroin, et c'est une idée qui nous entraîne très loin des rêveries de Claire Démar. Il n'en reste pas moins que Jeanne Deroin aussi, lorsqu'elle porte des revendications au gouvernement provisoire, part de la formule qu'on prêtait à Saint-Simon : « L'individu social c'est l'homme et la femme. » Elle se plaint encore que jusqu'ici l'homme ait parlé seul pour expliquer ce qu'il ne pouvait comprendre seul, et déduit de cette erreur la nécessité de mieux interpréter le christianisme.

« O femme, mère du genre humain, toi qui résumes en ton sein toutes les douleurs, toi qui as subi tous les martyrs, toi le type sacré du travailleur toujours souffrant, toujours opprimé, toujours subalternisé, lève-toi et parle au monde de l'humanité. Dieu te le commande : c'est plus qu'un droit, c'est un devoir ».

Ces quelques souvenirs suffisent à le prouver : sous des formes différentes le prophétisme saint-simonien survit au cœur de celles-là mêmes qui sont les ancêtres de nos suffragistes contemporaines.

Il ne serait que juste de s'en souvenir.

Le jour où s'assembleront, pour porter des couronnes à son tombeau, tous les groupes divers qui sont à quelque titre les héritiers du saint-simonisme, nous demandons que l'on réserve dans cette procession, entre les syndicats de banquiers et les universités populaires, une place d'honneur aux féministes,

Célestin Bouglé

3. L'ALLIANCE INTELLECTUELLE FRANCO-ALLEMANDE (1844)

I. — Bœrne et Heine

En 1844, une « jeune revue » vit le jour à Paris, rue Vaneau, qui s'intitulait les *Annales franco-allemandes : Die Deutsch-Französische Jahrbücher.* Son programme n'était rien moins que de fondre, par l'entremise de leurs intellectuels, les âmes des deux grands peuples civilisés. Deux directeurs se partageaient l'honneur de mener à bien cette œuvre de réconciliation, capable de régénérer le monde : Arnold Ruge et Karl Marx.

Arnold Ruge : un privat-docent en rupture de ban. Ce Poméranien remuant avait eu déjà plus d'une revue tuée sous lui. A Halle, où il enseignait, n'avait-il pas éprouvé le besoin d'éditer des Annales capables de « marquer l'heure » ? Des professeurs devaient y dire leur mot sur les questions actuelles. Résultat : peu d'abonnés (313, les « 300 Spartiates ») mais nombre de protestataires. Ses collègues accusent Ruge de troubler à plaisir la paix sacrée des Universités allemandes. Obligé de démissionner, il ne pense qu'à élargir son champ d'action. Il transforme les *Annales de Halle* en *Annales allemandes.* Les *Annales allemandes* sont à leur tour mises à l'index par le Conseil de la Confédération germanique. Acculé à l'exil, Ruge cherche à s'établir d'abord, lui et ses presses, en Belgique ou en Suisse. Mais pourquoi pas à Paris ? Quel plus belle estrade peut-on rêver pour parler à l'Europe ?

Dès que la chose lui paraît possible, Ruge convoque donc à Paris un de ses jeunes émules et amis, Karl Marx. Sainte-Beuve nous présentera ainsi Karl Marx, dans une note de son *Proudhon :* « Un écrivain de la jeune école hégélienne, qui se distingua dans la lutte contre l'école de Berlin. » « Charles Marx a produit dans ses articles critiques, dira de son côté Ewerbeck dans *l'Allemagne et les Allemands,* les dernières conséquences révolutionnaires du dialectisme hégélien. » Marx avait donc été piqué lui aussi de la tarentule philosophique. Fils d'un brave homme d'avocat de Trêves — qui craint pour lui l'ivresse des idées, comme il dit, plus que celle de la bière — Marx renonce aux carrières juridiques. Le monde des

« systèmes » l'attire dans son orbite. Il opte pour l'enseignement. Une savante thèse sur l'atomisme de Démocrite et d'Épicure devait lui ouvrir les portes des Facultés. Mais les mésaventures de son ami Bauer — professeur à Berlin, envoyé en disgrâce à Bonn pour excès d'audace théologique — le font hésiter sur le seuil. On n'est décidément pas assez libre, dans ces monastères mal laïcisés. L'universitaire manqué se rabat, comme tant d'autres, sur le journalisme. En 1841, il est à Cologne, rédacteur de la *Gazette du Rhin*. Mais la *Gazette du Rhin* est périodiquement avertie par la censure. Un beau jour de printemps, en mars 1843, elle est frappée à mort. Marx vient de se marier : il a épousé la fille d'un ex-magistrat de haute lignée qui s'était établi à Trêves et lié d'amitié avec son père : von Westphalen. Polémiste sans emploi, Marx accepte les propositions de Ruge qui affirme s'être entendu avec un éditeur. En novembre 1843, le jeune ménage cherche un asile dans la grande ville tumultueuse.

Il n'y avait pas longtemps qu'un orage avait passé : écrivains allemands et écrivains français s'étaient disputé ferme. En 1840, les passions éveillées par les questions d'Orient avaient soufflé sur le feu, mal éteint, des souvenirs de 1815. Par-dessus le « Rhin allemand » on s'était montré le poing ; des strophes vengeresses avaient été échangées : c'était la petite guerre des poètes.

Mais n'appartenait-il pas aux philosophes de fermer pour jamais les blessures élargies comme à plaisir par cette race irascible ? Ils comprenaient, eux, la vraie nécessité historique : entre les émancipateurs des deux pays, elle préparait une nouvelle Sainte-Alliance. Feuerbach, un des oracles de la jeunesse pensante d'alors, ne l'avait-il pas laissé entendre ? L'heure a sonné d'opérer une « synthèse de la philosophie française et de la philosophie allemande » ; l'avenir appartient au « principe gallo-germanique ». C'était pour négocier ce mariage que Ruge, ambassadeur des intellectuels allemands, débarquait à Paris.

Il nous a raconté ses visites aux Français notoires, qu'il jugeait capable de collaborer ou de s'intéresser à son entreprise. Elles ne lui rapportèrent finalement que de vagues promesses, ou des conseils décourageants. Il grimpe les six étages de Lamennais, à la rue Tronchet : décharné et fiévreux, le prêtre devenu démocrate lui demande la permission de faire un peu de métaphysique ; là-dessus, deux heures d'horloge durant, il explique son système. Chez Louis Blanc, ce fut un vrai sermon : figure imberbe et voix fluette, l'auteur déjà illustre de *l'Organisation du Travail* a l'air d'un petit garçon échappé du collège. Mais il sait ce qu'il veut, et ce qu'il faut croire : il tient absolument à convaincre les disciples de Feuerbach des dangers de l'athéisme. Lamartine, qui pourtant devait accueillir avec une particulière fraternité les intellectuels étrangers, « véritables plénipotentiaires des peuples », promit-il quelque chose ? Toujours est-il qu'il s'en défendit énergiquement lorsque la presse bien pensante dénonça, comme un espèce de nid de guêpes, la rédaction des *Annales*. Pierre Leroux, moins grand seigneur, moins circonspect aussi, Pierre Leroux, « l'homme qui ne porte pas de gants », le type devenu écrivain, se trouvait à ce moment-là, dit-on, dégoûté d'écrire ; l'invention d'on ne sait qu'elle machine accaparait son énergie. Au fond, conclut Ruge, prophètes en chambre ou hommes d'État en herbe, ces Français étaient trop absorbés par leurs querelles de sectes et leurs luttes de partis.

Les *Annales franco-allemandes* parurent tout de même. Mais elles n'eurent que des collaborateurs allemands. Henri Heine —qui devait se lier assez étroitement avec Marx à Paris — grand lyrique en passe de devenir grand satiriste — y publia une ironique louange à Louis de Bavière : Herwegh aussi donna des vers, le même Herwegh qui devait en 1848 mener la folle équipée de la *Légion franco-allemande*. Moses Hess, que Ruge nous présente comme le rabbin des communistes, — grand et maigre, vêtu d'une longue redingote grise, le cou penché en avant, les yeux noyés de bienveillance — écrivit des lettres de Paris. Un jeune commerçant de Barmen qui, après une année de service militaire et d'études philosophiques à Berlin, achevait son éducation en Angleterre, dans une fabrique où son père était intéressé, Frédéric Engels, envoyait des correspondances. Dans un essai sur l'économie politique orthodoxe il critique, avec force souvenirs de la dialectique hégélienne, les théories d'Adam Smith — le « Luther de l'économie politique » — et de Ricardo. Puis, passant de l'étude des théories à celle des faits, il décrit, en résumant le *Past and Present* de Carlyle, la situation de l'Angleterre. La contribution de Karl Marx, c'est d'abord un article sur la question juive, où il oppose, à celle de Bruno Bauer, sa façon de concevoir les rapports des questions politiques et religieuses

3. L'ALLIANCE INTELLECTUELLE FRANCO-ALLEMANDE (1844)

avec les questions sociales. Puis une critique de la *Philosophie du Droit* de Hegel : le jeune auteur y marque le terrain qu'il a conquis, sous la leçon des faits, au-delà des systèmes, non seulement de Hegel, mais de Feuerbach.

Les deux premiers fascicules des *Annales* étaient, comme l'on voit, assez riches. Mais ils furent aussi les derniers. Bientôt les fonds manquèrent. L'harmonie en même temps fit défaut, l'harmonie entre les co-directeurs. On est assez mal renseigné sur les raisons déterminantes de la rupture. Ce qu'on voit de plus clair, à travers les lettres des uns et des autres, c'est la différence des tempéraments. Ruge, au fond, n'était pas un révolutionnaire bien décidé : ne devait-il pas finir pensionné par Bismarck ? Il eût consenti volontiers, pour sauver sa revue, des concessions aux nécessités politiques. Tandis que Marx, déjà, se raidissait dans l'intransigeance communiste. D'ailleurs, en même temps qu'un tempérament révolutionnaire, il devait révéler sans doute, dès ce moment, un tempérament assez autoritaire. Engels mis à part, qui sut se tenir si discrètement à sa place, dans l'ombre de son grand ami, Marx a-t-il jamais su tolérer un collaborateur ?

L'organe de la Sainte-Alliance intellectuelle ne devait donc pas vivre même un printemps. Est-ce à dire que l'effort de ces enthousiastes bâtisseurs de ponts demeura sans effets ? Non pas sans doute. À une époque où la température intellectuelle à Paris montait si haut — quelques années à peine avant l'explosion de 48 — il ne pouvait être indifférent d'amener au contact penseurs allemands et penseurs français. Forcément, des influences devaient s'échanger, des synthèses se préparer. C'est pourquoi il ne sera pas inutile de regarder d'un peu près, avant et après leur passage à la frontière, le bagage de ces commis-voyageurs en idées. Que sont-ils venus demander à la France ? Qu'ont-ils voulu lui apporter ? Qu'ont-ils pu en emporter ? Répondre à ces questions, ce serait sans doute contribuer à éclaircir les origines, encore obscures en quelques points, de la doctrine constitutive du « socialisme scientifique ».

*
* *

Il faudrait se rappeler d'abord, pour comprendre ce qui attirait nos pèlerins, le prestige que la Révolution de 1830 avait restitué à Paris. Le nimbe de la ville avait été comme redoré par le soleil de juillet. On se reprenait à célébrer *Paris révolutionnaire.* C'est le titre d'un curieux recueil qui fut publié en 1833 par une équipe de républicains et de socialistes. On retrouve parmi eux Arago et Raspail, Buonarotti et Blanqui, Armand Carrel et Cavaignac. Celui-ci qui devait au procès de la *Tribune* s'écrier : « Si la France est la garantie des peuples, le gardien de leur forteresse, c'est à Paris qu'elle tient en dépôt ce trésor », explique ainsi dans l'introduction la pensée des rédacteurs :

« Perpétuel et infatigable artisan d'affranchissement et de progrès, foyer de lumières et d'insurrection, Paris avec ses célèbres collèges d'autrefois et leur rebelle jeunesse, avec son peuple toujours prêt à se révolter contre la tyrannie et ses doctrines de résistance à l'oppression qui retentissaient jusque dans les chaires de ses Églises ; le Paris des Maillotins, de la Ligue, de la Fronde, des vainqueurs de la Bastille, des vainqueurs de Juillet, le Paris qui prêta ses presses aux La Boëtie, aux J.-J. Rousseau, ses tribunes aux orateurs de nos assemblées et de nos clubs populaires, ses rues aux barricades de 1588 et de 1830, voilà celui que nous voulons à la fois étudier et peindre, parce que c'est celui qui étonne et ébranle le monde, que le monde admire et ne connaît point. »

Pour rétablir entre le passé et le présent de Paris cette continuité glorieuse, Charles Ménétrier remonte en effet aux Maillotins, Lapommeray fait revivre « une émeute sous Mazarin », Barthélémy Hauréau évoque les 5 et 6 octobre 1789. Puis c'est Briffault qui décrit le Palais-Royal, c'est Raspail qui raconte une émeute à Sainte-Pélagie, pendant qu'Arago ramène le lecteur à « la morgue après les trois jours ». Armand Marrast — c'est un des articles les plus émouvants du recueil — fait défiler, avec tous les mouvements de foule qu'elles provoquèrent, les « grandes funérailles révolutionnaires ».

Mais à cet état d'esprit lyrique la prose suffisait à peine. Veyrat se chargera de chanter la Ville sainte :

3. L'ALLIANCE INTELLECTUELLE FRANCO-ALLEMANDE (1844)

Or malgré tes malheurs et tes luttes civiles
Je te salue, heureuse entre toutes les villes,
Cœur du monde, ô cité des révolutions.
Tu pèses les destins du globe en la balance
Et les peuples vers toi gravitent en silence,
Paris, soleil des nations.

Les nations en deuil qui vont faire naufrage
Avec des cris brûlants t'invoquent dans l'orage.
Toute langue au berceau murmure ton grand nom.
Tu portes l'avenir du monde en tes entrailles,
Et nous savons qu'au jour des sanglantes batailles
Tu dors sur l'affût d'un canon.

Lyrisme excessif, dira-t-on. Ces Parisiens en font accroire ? Il ne semble pas. Il suffit pour s'en convaincre de parcourir les correspondances envoyées en Allemagne par les prédécesseurs de Ruge et de Marx.

Elles portent les marques de cette même exaltation.

Ouvrez les fameuses lettres de Louis Börne. Un souffle brûlant vous frappe au visage. Une sorte de délire sacré reprend Borne lorsqu'il se retrouve à Paris. Il se loge tout près du Palais-Royal. Montagne d'aimant qui attire le monde, s'écrie-t-il, c'est près de toi qu'on acquiert la véritable science des âmes. Sous ces marronniers qui inspirèrent Camille Desmoulins, on respire plus librement. Et notre lyrique Allemand ajoute : « à peine installé à Paris, j'ai deux fois plus d'appétit ».

Par-dessus tout, les souvenirs des journées révolutionnaires l'obsèdent. Il respire avec ravissement, dans les salons de Lafayette, une vieille odeur de poudre. Dans ces rues glorieuses, « dont on ne devrait fouler le pavé que pieds nus », les barricades se redressent devant ses yeux hallucinés. En passant au Carrousel, il croise une manifestation en l'honneur des quatre sergents de la Rochelle, exécutés en place de Grève : sa pensée ressuscite les victimes sans nombre, aujourd'hui vengées, dont les régimes d'autori-

Célestin Bouglé

té ont jonché la terre. De la terrasse des Tuileries il voit défiler, sur les Champs-Elysées, une armée de grandioses fantômes. C'est ici vraiment la grand'route de l'histoire, pense-t-il. Et il ajoute : ce n'est pas Vienne qui offrirait de pareilles perspectives !

À chaque instant il fait ainsi un retour sur l'Allemagne, et gémit de l'impuissance politique où elle languit. Il reste le cœur serré, à un banquet politique, de ne pouvoir, lui, représenter un peuple digne de ce nom. Et quand il apprend qu'au pays même du Pape la liberté de la presse gagne du terrain, il a honte pour le pays de Luther. « Le pays de Luther a encore la main guidée comme un enfant. Où cacher notre honte ? Les oiseaux nous siffleront, les chiens aboieront après nous. Pour se moquer de nous, les poissons mêmes prendront une voix. »

C'est à des railleries de cette sorte que pensait Gervinus, sans doute, quand il reprochait avec amertume à Borne de ravaler systématiquement sa patrie et, pour réveiller ses concitoyens, d'abuser de la cravache.

Il serait tout à fait injuste, pourtant, d'accuser Borne d'avoir perdu toute fierté nationale. Il sait élever l'Allemagne après l'avoir humiliée. Et l'un des premiers, il entonne l'hymne que nous entendrons tant de fois, en l'honneur de l'Allemagne philosophique. C'est Börne qui écrit :

« La vie allemande ressemble à une contrée des Hautes-Alpes ; elle est grandiose, majestueuse, la couronne de la terre qui étincelle de ses éternels glaciers. À l'Allemagne la lumière la plus pure, aux autres pays la chaleur du soleil. Ces hauteurs stériles ont fécondé le monde à leurs pieds. C'est là que se trouvent les sources des grands fleuves de l'histoire et des grandes nations et des grandes pensées...

Borne ajoute : « Les Français se plaignent souvent, et se moquent de ce brouillard qui enveloppe les intelligences germaniques. Mais ces nuages qui interceptent la vue aux Français ne sont qu'aux pieds des Allemands qui s'en élèvent de toute leur grandeur et respirent sous un ciel bleu, et dans un air pur et rayonnant. Mais le jour avance, encore quelques heures historiques et ces brouillards qui séparent deux nations se dissiperont. Alors nous nous rencontrerons, les Français montant, les Allemands descendant. »

3. L'ALLIANCE INTELLECTUELLE FRANCO-ALLEMANDE (1844)

L'idée apparaît ici que l'heure a sonné de la définitive alliance intellectuelle. 1843, ne sera-ce pas justement le millième anniversaire du Congrès de Verdun ? Qu'aujourd'hui comme alors France et Allemagne ne forment plus qu'un empire ; mais un empire sans empereur. Que les deux peuples libérés complètent seulement l'un par l'autre leurs génies. L'émancipation par l'union. L'union dans l'émancipation. C'est le programme même que reprendront les fondateurs des *Annales franco-allemandes*.

Que la France et l'Allemagne, disait de son côté Heine, imitent enfin ces héros d'Homère qui échangèrent sur le champ de bataille, en signe d'amitié, leurs armures. Puissent les Français nous emprunter un grain de philosophie, pendant que nous leur demanderons quelque chose de leur sens de l'action, fruit de leur expérience politique.

Plus encore que Börne, Heine jouira en dilettante de « l'air délicieux et civilisé qu'on respire à Paris. » Il montre volontiers, aux premières, ce haut front blanc, ces joues rondes et roses qui faisaient l'admiration de Théophile Gautier. Il suit la saison musicale et note les résistances que rencontre l'âpre génie de Berlioz. Il flâne au Salon, « impuissance bariolée ». Il se laisse entraîner aux tourbillons du Carnaval : prenant seulement le soin de marmotter, dit-il, au milieu des jolies sorcières françaises, la prière que lui apprit sa bonne grand'mère allemande...

Mais ce sont les secousses politiques et sociales qui le font vibrer au plus profond de l'âme. Il guette les signes de renouveau : à force de se multiplier, ne réveilleront-ils pas cette Allemagne dont il lui semblait, du haut du Saint-Gothard, entendre le ronflement paisible ? Quand la nouvelle des Trois Glorieuses lui arrive à Héligoland, lui aussi il délire de joie : « Sur les tours de Paris flotte à nouveau le drapeau tricolore. Partout retentit *la Marseillaise* — La Fayette, le drapeau tricolore, *la Marseillaise,* je suis comme enivré. Des espérances audacieuses surgissent dans mon cœur paisible, semblables à ces arbres merveilleux dont les branches sauvages se perdent dans les nues. » Il rêve qu'il parcourt les pays allemands, frappant aux portes de ses amis, secouant tout le monde. « Quelle heure est-il ? » — « À Paris, mes amis, le coq a chanté — c'est tout ce que je sais. » Paris, pour lui aussi, est « la ville de l'égalité, de l'enthousiasme et du martyre, la ville rédemptrice. » Et quand il constate que pour l'Allemagne, le geste libérateur de Paris est resté vain, que la Diète n'a pas été capable de faire front contre l'Autriche brutale et la Prusse hypocrite, alors de nouveau son cœur « se noie dans l'affliction et la colère. »

Mais comme tous ces exilés, amants malheureux et jaloux de leur patrie, Heine est prêt, si d'autres étaient tentés de la déprécier, à glorifier l'Allemagne. Il sait par où elle est supérieure, et vraiment inimitable.

Le sens de l'action lui a manqué, soit. Mais elle a plus que toute autre exercé méthodiquement sa pensée. C'est pourquoi, finalement, elle n'aura pas moins travaillé que les autres aux grands bouleversements sociaux. Et même il est à présumer que le jour où elle s'y mettra, elle accomplira une révolution complète.

On avait beaucoup répété depuis Mme de Staël le mot de Jean-Paul Richter : « La mer aux Anglais, la terre aux Français, l'air aux Allemands. » A en croire là docte, voyageuse, l'Allemagne restait un peuple religieux, respectueux. Ses penseurs s'élancent hardiment sur les sommets de la spéculation : mais ils abandonnent prudemment, aux puissants du jour, la direction des choses d'ici-bas. Les mêmes conclusions se retrouvent dans les correspondances des Français qui font, entre 1815 et 1830, le même pèlerinage. L'idéalisme et la poésie aident l'Allemagne, répètent-ils, à oublier le vide des institutions. Belle cervelle, dit à peu près Saint-Marc Girardin, mais de volonté point. À ce verdict, Heine refuse de souscrire. Du moins la sentence ne lui paraissait vraie qu'à moitié. Pour avoir beaucoup pensé, il doit être beaucoup pardonné à l'Allemagne. D'abord sa pensée ne peut manquer de la conduire quelque jour à l'action. Et puis sa pensée est par elle-même une action, action par excellence libératrice. Pierre Leroux se trompe en effet quand il imagine la philosophie allemande enchaînée pour jamais à la religion. Une à une, au contraire, les penseurs d'outre-Rhin font tomber toutes ces chaînes. Le marteau de Luther est relevé et manié par eux avec une croissante audace. S'ils ne s'arrêtent pas à ce matérialisme un peu plat et sec, qui servit d'arme aux philosophes militants du dix-huitième siècle, ils tendent vers le panthéisme, qui est, à sa façon, une réhabilitation de la chair ; ils règlent définitivement les comptes du déisme. N'est-ce pas là, à y bien regarder, une œuvre aussi révolutionnaire que celle de la France ? Et là-des-

3. L'ALLIANCE INTELLECTUELLE FRANCO-ALLEMANDE (1844)

sus Heine s'efforce — effort qui sera repris plus d'une fois — de préciser les parallélismes.

Des deux côtés du Rhin, nous voyons la même rupture avec le passé. On refuse tout respect à la tradition. En France tout droit, en Allemagne toute pensée est mise en accusation et forcée de se justifier. Ici tombe la royauté, clef de voûte du vieil édifice idéal. Là-bas le déisme, clef de voûte de l'ancien régime intellectuel.

C'est Kant qui est le déicide. La *Critique de la raison pure,* est elle aussi une guillotine. À bien regarder, Kant ne surpasse-t-il pas en terrorisme Robespierre lui-même ? On pourrait suivre la série : on constaterait qu'à tous les événements politiques dont la France étonne le monde correspondent, en Allemagne, des événements philosophiques. Fichte, c'est Napoléon, La Restauration, c'est Schelling — et ainsi de suite.

Vous ne vivez donc, dira-t-on aux Allemands, que dans le royaume des idées ? Patientez. L'éclair précède le tonnerre. Un peuple méthodique devait assez rationnellement commencer par la Réforme, continuer par la philosophie : il va achever la philosophie par la révolution. Et soyez sûrs que la révolution allemande ne sera rendue plus débonnaire ni par la philosophie de la raison pure muée en philosophie du moi, ni même par la philosophie de la nature prolongée en philosophie de l'histoire. Au contraire (ne dirait-on pas qu'ici Heine pressent la vigueur particulière que son déterminisme même assurera au marxisme ?) les philosophes de la nature pourront être les plus terribles. Ils s'identifieront eux-mêmes avec les forces de destruction. Ils conjureront les forces cachées de la tradition : d'autant plus ardents qu'il seront convaincus d'avoir le *fatum* avec eux... Et voilà pourquoi sans doute on exécutera en Allemagne un drame auprès duquel la Révolution française ne sera qu'une émouvante idylle.

C'est ce même espoir que flattera habilement Crémieux en 1848, lorsque Herwegh viendra à l'Hôtel de Ville lui présenter les 6.000 volontaires de la Légion allemande.

« Salut et merci à toi, peuple français, disait Herwegh. Les idées de la nouvelle république française sont les idées de toutes les nations : le peuple français a l'éternel mérite de leur avoir donné par sa révolution glorieuse la consécration de l'action « immense concentration de son intelligence sur la philosophie ». Il sait de quel prix l'Allemagne paie sa gloire intellectuelle :

> « C'est un spectacle inouï jusqu'ici dans les Annales du genre humain : une nation de près de 40 millions, plus puissante en pensée et plus instruite en sciences et en beaux-arts, et pourtant en politique plus affaiblie et plus abaissée que toute autre. Mais no désespérons point : j'ai la conviction sincère qu'avant la fin de notre siècle, elle (la révolution allemande) se montrera au monde étonné dans des proportions encore plus grandioses et plus brillantes. »

Touchants actes de foi et d'espérance. Ces émancipateurs ne se résolvent pas à abandonner leur pays, comme un traînard blessé a mort. Ils ne peuvent se résigner à croire que leur race, sur la route de la liberté, se laissera distancer indéfiniment. Elle reste encore en arrière ? C'est qu'elle va faire un bond, vous dit-on, qui vous dépassera tous.

✳
✳   ✳

Au moment où Ruge, Hess et Marx vont arriver à Paris, au moment où Heine écrit pour la Gazette d'Augsbourg les *Lettres de Lutèce,* les intellectuels allemands ont des raisons nouvelles de se rabattre sur cette espérance. C'est que l'action proprement politique, l'action conforme à la tradition de la révolution française, n'a guère fait que multiplier les déceptions. Le « roi des barricades » est devenu bien vite le roi de la boutique, en attendant de devenir le roi de la Bourse. Vainement les membres des petites sociétés révolutionnaires se font tuer aux carrefours. Vainement les revues républicaines se font condamner en des procès monstres. Tout ce tumulte donne l'impression de ne rien changer au fond des choses : il n'exerce aucune action sur les mouvements commandés par le commerce et l'industrie.

Canne à sucre ou betterave, qui triomphera ? Et à qui les concessions de chemins de fer ? Ce sont là les vraies questions vitales. Dans la politique extérieure comme dans la politique intérieure,

« les intérêts » gouvernent. C'est la Bourse — le temple de la peur, dit Heine, — qui sert de cœur à cet organisme nouveau. Le monde devient vraiment juif : « On entend distinctement la crue continuelle des richesses des riches... » Devant cette montée de l'industrialisme quel intérêt présentent les crocs-en-jambe de Thiers à Guizot ou de Guizot à Thiers, ou les manœuvres des « hommes de la résistance » contre les « hommes du mouvement », ou même les assauts lancés contre la royauté par les républicains ?

Parlons plutôt des efforts tentés, des systèmes combinés pour la réorganisation économique. Socialistes et communistes, voici du moins des gens qui ont compris quelles questions sont posées par la force des choses. Heine avait flirté avec le saint-simonisme, dans sa belle période. Cette « réhabilitation de la chair » avait séduit son sensualisme. Il avait aimé le romantisme inconscient de ces « pêcheurs d'hommes », qui gardaient à ses yeux le mérite particulier de ne pas être égalitaires. Son livre sur l'Allemagne est dédié à Enfantin, qui le reçoit en Égypte, où, d'apôtre, il est en train de redevenir ingénieur. Lors même que Heine se sera détaché de cette religion manquée, il verra avec sympathie cheminer dans l'esprit public les idées qu'elle abritait. De même il ouvrira un large crédit aux fouriéristes. Il admire Fourier arpentant le Palais-Royal. Chaque midi l'inventeur du *phalanstère* y vient, dit-on, attendre le millionnaire inconnu qui lui permettra de commencer ses expériences sociales. Dos poches de sa redingote grise et râpée sortent le pain et la fiole de vin qu'il vient d'acheter pour son déjeuner frugal. Respect à ces inventeurs pauvres qui cherchent pour les pauvres la pierre philosophale ! L'heure sonne ou leur pensée va être comprise. Un public se forme pour eux, un public qui est le peuple. Il veut décidément, pour en appliquer l'effort à de nouveaux problèmes, ressusciter l'esprit de la révolution.

On a souvent cité la page fameuse où Heine décrit ses visites aux ateliers du faubourg Saint-Marceau. Il est étonné et comme effrayé des livres qu'il y voit lire, dos chants qu'il y entend chanter : « des livres qui avaient comme une odeur de sang, des chants qui semblaient avoir été composés dans l'enfer... rien que passion et flamme, flamme et passion. » Heine ne se lasse pas ainsi d'attirer l'attention sur les « titans troglodytes » aux aguets dans les bas-fonds de la société. Le communisme, dit-il encore, c'est l'acteur qui

Célestin Bouglé

n'attend que la réplique pour rentrer en scène et tout dramatiser. Les fidèles qu'il recrute ne sont, comme les Galiléens, qu'une poignée de visionnaires obscurs : qui sait si, comme les Galiléens, ils ne vont pas changer la face du monde ?

Quand le plus célèbre représentant de la jeune Allemagne, Gutzkow, visitera à son tour la France, « pays du symptôme », il cherchera lui aussi, dans les tendances communistes, les dominantes de l'époque. Plus nettement encore, dès 1842, Lorenz Stein, dans son *Histoire du socialisme et du communisme en France*, déclarait : « Le temps des événements politiques en France est passé : la prochaine révolutionne peut plus être qu'une l'évolution sociale. » Ce qui fait à ses yeux l'intérêt des systèmes qu'il décrit, c'est moins leur construction même (un universitaire allemand en a vu bien d'autres) que leur soubassement : sur la pierre du prolétariat ces églises sont bâties. *Une* classe se range derrière ces utopistes, prèle à attaquer non seulement l'État, mais la « société civile ».

En somme, à des degrés différents, les intellectuels allemands qui séjournent en France éprouvent l'impression que pour la vigueur et l'audace de la pensée philosophique l'Allemagne demeure sans conteste supérieure. En matière d'action politique, au contraire, les Français gardent une avance indéniable. Mais le moment est venu où l'action politique révèle ses insuffisances. Les questions qui priment tout sont dès maintenant les questions sociales. Pour les résoudre, ce ne serait pas trop, sans doute, d'une alliance intime entre les génies des deux peuples. Ainsi apparaît, comme un arc-en-ciel au-dessus des nuages, l'idée de l'Alliance intellectuelle franco-allemande.

II. — Arnold Ruge et Karl Marx.

Quels sentiments éprouvent, lorsqu'à leur tour ils passent le Rhin, les jeunes intellectuels qui doivent fonder les *Annales franco-allemandes* ?

Il faut, pour s'en rendre compte, relire les lettres qu'échangent Marx, Ruge et Bakounine. Elles ont été reproduites, avec un mot de Feuerbach — qui, retiré dans sa solitude de Brückberg, refuse bientôt son concours à l'entreprise — en tête du premier fascicule.

Un peu arrangées pour l'impression sans doute, elles n'en sont pas moins émouvantes : on sent ces cœurs vibrer de colère, on voit rougir de honte ces fronts de jeunes révoltés quand ils songent à l'état d'impuissance et d'inertie où un despotisme digne de la Russie est en train de réduire l'Allemagne.

Honte et colère d'autant plus vives, chez Marx et Ruge, qu'un moment ils ont pu nourrir des illusions : ils ont pu croire que la jeunesse pensante allait collaborer, pour l'émancipation de l'Allemagne unifiée, avec la monarchie prussienne. Ruge ne disait-il pas en parlant des *Annales de Halle :* « Je suis le chef de la cavalerie hégélienne de la maison des Hohenzollern ? » Frédéric-Guillaume IV commence par un flirt avec l'Allemagne libérale. Le système de la compression à la Metternich allait donc cesser d'être appliqué ? L'interminable captivité de Reuter, le procès scandaleux de Sylvestre Jordan, le suicide du pasteur Weiding, les 1.800 dossiers de la cour d'enquête de Mayence étaient alors dans toutes les mémoires. Autant de mauvais rêves, dissipés à jamais ?

L'espoir ne fut pas long. Frédéric-Guillaume IV entendait gouverner en prenant son point d'appui dans le cœur du peuple. Cela ne signifiait pas qu'il crût bon de laisser toute liberté à l'esprit public. Au contraire, inter prète-né des aspirations profondes du *Volksgeist,* ne lui appartenait-il pas d'éviter, au troupeau commis à ses soins, la contagion des idées françaises ? ,

Entre l'esprit du souverain et l'idée de liberté le nuage romantique revient s'interposer. Frédéric-Guillaume IV n'aura été qu'un « parleur », dira Ewerbeck. Il parle beaucoup : il ne peut pas se résoudre à laisser parler les autres.

Le premier article de Marx — il est signé « un habitant du Rhin » et il parait dans les *Anekdota* qui furent comme le testament des *Annales allemandes* — est justement dirigé contre les nouvelles Instructions pour la censure, promulguées par Frédéric-Guillaume IV, en janvier 1842.

La véhémente ironie du jeune dialecticien vibre déjà dans cette discussion. L'Instruction promet que la liberté d'écrire sera respectée quand l'écrivain sera sérieux, quand il offrira des garanties morales. Mais qui définira ces garanties ? Qui nous garantira le tact de vos juges ? Vous ne sauriez tolérer, dites-vous, les attaques dictées par l'inimitié contre la religion chrétienne ? Vous ne voyez pas qu'à ce compte, vous auriez, dû embastiller Fichte, Kant, Spinoza, tous les héros intellectuels de la morale autonome ?

Quand il devient rédacteur à la *Gazette rhénane*, Marx continue sa campagne pour la liberté de penser. Il suit les débats qui se déroulent à ce propos au Landtag rhénan. Il voit bien que (chacun des orateurs y parle le langage de sa classe. Mais il n'en trouve aucun pour défendre avec la passion nécessaire la liberté de la presse : « Oeil du *Volksgeist in*carnation de la foi d'un peuple en lui-même, lien parlant qui unit l'individu à l'État et au monde. » Transposons ici, ajoute le jeune et lyrique avocat, le mot de Gœthe : la liberté de la presse aussi est une beauté, encore qu'elle n'ait rien de féminin ; pour la pouvoir défendre il faut l'avoir aimée.

Ces nobles enthousiasmes demeurèrent sans effet. Cette flamme ne trouve pas d'aliment en Allemagne. Dans la lutte inégale contre la censure, Marx devait bientôt succomber.

Un congrès de Sociétés savantes, à Strasbourg, avait fourni à la *Gazette rhénane* l'occasion d'affirmer, en même temps que des sympathies pour la France, son souci des questions sociales. Moses Hess avait rencontré là un certain nombre de socialistes français. Il laissait entendre, dans une correspondance, que la bourgeoisie aurait bientôt, en tout pays civilisé, à sacrifier ses privilèges, comme la noblesse française, en 89, avait sacrifié les siens. Il n'en fallut pas plus pour que le journal d'Augsbourg accusât son confrère de communisme. Ce fut pour Marx un prétexte à définir ses propres positions. Il se défendait de regarder les aspirations communistes, sous leur forme présente, comme vraies théoriquement, *a fortiori* comme pratiquement réalisables ; mais il ajoutait que des écrits comme ceux de Leroux, de Considérant, de Proudhon, méritaient la plus sérieuse attention. En définitive, rien n'importait plus, sans doute, que le perfectionnement théorique de l'idée communiste : on ne vient pas à bout des idées à coups de canon.

Quelques réserves qu'elles pussent contenir, on pense si de pareilles déclarations devaient concilier à la *Gazette rhénane* la bienveillance des censeurs. Une enquête trop franche sur la misère des paysans de la Moselle mit le comble aux colères officielles. La démission de Marx fut exigée. Peu après le journal sombra.

3. L'ALLIANCE INTELLECTUELLE FRANCO-ALLEMANDE (1844)

Ainsi, comme Bruno Bauer, comme Ruge, Marx est frappé pour crime d'opinion. Les jeunes hégéliens, éprouvent les uns après les autres la puissance arbitraire de cet État où leur maître se plaisait à montrer une incarnation de la Raison, « Dieu marchant à travers le monde. » C'en était assez sans doute pour les brouiller complètement, s'ils n'y avaient incliné déjà, avec Hegel, l'État et l'Allemagne. Les faits leur ont fourni la preuve que dans la patrie de la philosophie, la vie est intenable à toute pensée un peu libre.

De ces écoles, Ruge emporte une rancœur. Au fond il est vexé — tous les libérateurs qui ne sont pas suivis en sont là — de n'avoir pas senti les foules se mobiliser derrière lui quand il a été obligé de quitter l'Université, lui qui combattait pour l'humanité tout entière. Aussi fait-il montre volontiers du plus noir pessimisme. Il reprend à son compte le mot de Hölderlin : « Je vois ici des ouvriers, non des hommes ; des penseurs, non des hommes ; des maîtres et des sujets, non des hommes. » Marx lui écrit de Hollande que devant le dédain railleur du plus modeste citoyen d'Amsterdam pour la grande Allemagne, il s'est senti le cœur serré. Mais au fond même de l'humiliation il trouve des raisons de se reprendre à l'espoir. La honte fait les révolutions. La houle est déjà une révolution. Que le peuple allemand prenne seulement une claire conscience de la situation déshonorante qui lui *est* faite : bientôt elle lui paraîtra intolérable. Comme le lion, il va se replier sur lui-même pour mieux bondir.

Ne prenez-vous pas, répond Ruge, vos désirs pour des réalités ? Une révolution, c'est tous les cœurs retournés, c'est toutes les mains levées en l'honneur de l'homme libre. Je ne vois rien venir de pareil. Il y a par chez nous trop de caractères dociles, trop d'âmes à vendre. L'esprit allemand n'est plus que bassesse. Pas d'avenir pour notre peuple : qui donc entendra nos cris ?

À cette « élégie », Marx répond sur un ton à la fois ironique et enthousiaste. Pessimiste lui aussi, on le voit— déjà— justifier sa confiance par l'excès même du mal. Plus le monde est bas, plus il y a de chances pour qu'il se relève. Souvenirs de la tradition chrétienne qui place la résurrection trois jours après la crucifixion, — entraînement de la dialectique hégélienne, qui montre comment une négation absolue appelle et prépare l'affirmation contraire, — suggestions d'un tempérament âpre et robuste, qui se réjouit de mépriser, mais à la condition de dépasser aussitôt le mépris par l'espérance, — on voit affleurer dès ces premières lettres les influences qui fourniront comme son soubassement philosophique au *Capital*.

Non que, sur la situation présente de l'Allemagne, Marx plus que Ruge se fasse illusion. Ce monde de Philistins est à ses yeux « un monde animal plutôt qu'un monde humain. » Comment Montesquieu a-t-il pu soutenir que l'honneur est le principe des monarchies ? C'est le déshonneur qu'il fallait dire, c'est la dégradation, la déshumanisation de l'homme *(der entmenschte Mensch)*. Pareil régime détruit chez tous les hommes le sentiment de soi. Il les réduit à l'état de choses. Dans la critique de la *Philosophie du droit de Hegel*, Marx décrira — avec ce style épigrammatique, riche en retournements d'antithèses, qui est alors sa manière — l'état d'infériorité où la persistance d'un régime d'autorité compressive a placé l'Allemagne.

« Une sourde pression réciproque de toutes les sphères sociales les unes sur les autres, partout une maussaderie inactive, une limitation qui à la fois se reconnaît et se méconnaît, tout cela dans les cadres d'un système de gouvernement qui vit de la conservation de toutes les pauvretés, et qui n'est lui-même que la pauvreté au gouvernement,. Cette oppression réelle, il la faut rendre encore plus oppressive en y ajoutant la conscience de l'oppression. Il faut rendre la honte encore plus honteuse en la rendant publique. »

Mais justement cet état d'abjection est trop parfait en son genre pour pouvoir durer. Après les reniements de Frédéric-Guillaume IV, le manteau du libéralisme est tombé. Le despotisme réveillé montre sa nudité au monde. Projetons seulement la lumière sur cette honte. Ajoutons seulement à l'oppression la conscience de l'oppression. Est-il possible qu'un peuple, aux yeux de qui si souvent l'on a fait miroiter la beauté de l'idée, s'accommode longtemps d'une réalité pareille ? L'Allemagne a été la conscience théorique du monde. Elle a pensé ce que les autres ont fait. La croissante discordance entre la spéculation et l'expérience ne peut manquer d'entraîner quelque grande secousse, une rupture, un *Bruch*. À ce

3. L'ALLIANCE INTELLECTUELLE FRANCO-ALLEMANDE (1844)

Bruch l'évolution économique travaille d'ailleurs spontanément, ajoute Marx. Et c'est l'amorce des thèses qu'il développera sans se lasser plus tard. Le système de la propriété privée est aussi le système de l'exploitation de l'homme par l'homme. La masse souffrante va bientôt se coaliser avec l'élite pensante. Entre les deux forces régénératrices de l'Allemagne la jonction va enfin s'opérer, « au chant retentissant du coq gaulois ».

À cette dialectique de l'espoir désespéré répond, de Suisse, comme un roulement de tonnerre annonciateur, la grosse voix de Bakounine. Bakounine : le mouvement fait homme, dira Bierling. Élève-officier, il a bientôt quitté les armes pour les livres. Mais il reste un batailleur. Sur un signe de ce nouveau Wotan, les nuages de la philosophie allemande s'entrechoquent et multiplient les éclairs. Aux théories hégéliennes il donne un tour pratique et combatif, fidèle en cela au génie slave, déclare Herzen, qui est intermédiaire entre la spéculation allemande et l'action française. Sous le pseudonyme d'Élysard il a collaboré aux *Annales allemandes* : il s'efforçait d'y démontrer que la « réalisation de la liberté », selon la formule de Hegel, ne pouvait s'accomplir sans une révolution totale. « Confions-nous donc à l'esprit éternel, s'écriait-il, qui ne détruit que parce qu'il est la semence insondable et éternellement créatrice de toute vie. Le désir de la destruction est en même temps un désir créateur ».

Quand Ruge lance sur l'Allemagne sa malédiction découragée, Bakounine est en Suisse — où plus tard, après tant d'avatars, il se réfugiera : les gamins de Genève salueront en lui « le roi de l'internationale ». C'est au milieu du lac de Bienne, dans l'île de Rousseau, qu'il écrit à Ruge. Rousseau et Voltaire ! Autour du révolté rêveur les souvenirs du grand siècle de la pensée active se lèvent en masse. Strauss l'avait reconnu déjà, et de plus en plus les intellectuels allemands s'en apercevront : la méthode du dix-huitième siècle français avait du bon. Cette philosophie ne planait pas loin de la terre. Elle s'intéressait au peuple, qui s'intéressait à elle. Elle mobilisait l'opinion. C'était, comme dira Ruge à son tour, une littérature conquérante *(weltgewinnende).* À nous de profiter de ses conquêtes et de nous inspirer de ses exemples. Dans les têtes les mieux douées de l'Allemagne, Voltaire et Rousseau ne peuvent-ils ressusciter ? Trêve donc à votre orgueil métaphysique. Descendez

Célestin Bouglé

au milieu des réalités. Mêlez-vous aux hommes activement, à la française. La France vous prêtera un peu de son vif-argent pour réveiller l'Allemagne.

De quel droit désespérer, donc ! Vous constatez ce que le peuple allemand est aujourd'hui : pouvez-vous dire ce qu'il sera demain ? Faut-il que ce soit moi, le Scythe, qui rallume en vous le feu sacré de l'hellénisme ? Envoyez-moi vos ouvrages dans l'île de Rousseau, je les veux imprimer, et écrire en lettres de feu au ciel de l'histoire : « Mort aux Perses ».

Souvenirs de l'antiquité classique, souvenirs du dix-huitième siècle français, souvenirs de Hegel et de Feuerbach, tout se mêle dans l'esprit bouillant de ces jeunes philosophes, encore ivres, mais déjà rassasiés de philosophie. Ils entendent faire passer leurs rêves à l'action. Que la pensée s'incarne dans la réalité ; il en est temps. Pour servir de théâtre à ce miracle humain, la France est la terre désignée. À la chaleur de ses traditions révolutionnaires va s'opérer entre le fait et l'idée une fusion qui sera en même temps l'alliance des savants et des ouvriers, comme nous dirions aujourd'hui, des intellectuels et des manuels. Tout effort pour faire descendre la science dans le monde, c'est par l'entremise de la France qu'il doit réussir. On ne saurait lier la philosophie à l'action politique sans se rattacher étroitement à la France.

*

* *

De ses faits et gestes à Paris, Ruge nous a laissé un récit minutieux. À Montmartre, puis à Saint-Cloud, il médite sur cette « mer de maisons » qui s'étend à ses pieds— spectacle plus imposant encore que les splendeurs de la nature. C'est ici que l'effort humain a atteint sa plus haute tension. C'est ici que nous aussi, Allemands, remportons nos victoires ou éprouvons nos défaites. Notre philosophie, malgré ses avances d'idées, ne devient une force active qu'en traversant Paris. L'histoire de Paris, avec tant de brusques secousses et de retours inattendus, nous rappelle utilement que l'histoire n'est pas un phénomène naturel. Elle ne se déroule pas avec la fatalité d'une révolution organique. Les révolutionnaires parisiens se sont gardés d'abandonner leurs adversaires à leur destinée. Ils la leur ont préparée hardiment. Ils leur ont creusé leur fosse et les y

3. L'ALLIANCE INTELLECTUELLE FRANCO-ALLEMANDE (1844)

ont fait trébucher.

Les idées que Paris élabore à l'heure actuelle, Ruge s'efforce de les connaître dans les hommes qui les représentent. Il visite les réunions politiques. C'est ainsi qu'il assiste à une assemblée où l'on s'occupe de la refonte du journal *La Réforme* ; il y entend l'un des leaders du parti démocrate, Ledru-Rollin, figure imposante et hardie, débit vif et geste saccadé. Il fait la connaissance de Victor Schœlcher, l'avocat des esclaves, dont l'air à la fois ferme et doux le séduit. Mais surtout il recherche communistes et socialistes. Le voici chez l'auteur du *Voyage en Icarie*, Cabet, le procureur populaire, celui qu'Engels louera d'avoir donné un idéal aux tailleurs et aux menuisiers. Chez Considérant, dans le salon de la *Démocratie Pacifique,* Ruge n'est entré qu'avec hésitation : il avait peur d'être enrôlé par les apôtres fouriéristes. Il est heureusement surpris de l'air de liberté qu'il respire dans ce milieu. Il admire à son tour la noblesse et la grâce du polytechnicien devenu propagandiste du phalanstère. Ruge fréquente encore chez Flora Tristan, qui prêche *l'union ouvrière :* par-dessus les barrières des compagnonnages elle veut que les travailleurs se tendent les mains. Ruge rencontre chez elle des ouvriers qui lui remontrent, avec un grand sens pratique, ce qu'il y a d'utopique dans ses projets. Elle habite en face de Saint-Sulpice ; a-t-elle besoin de reprendre courage, elle se répète que la volonté d'un seul prêtre a dressé cet édifice. Pourquoi ne réussirait-elle pas à faire surgir la maison du peuple ? Elle lançait en tous cas une idée, qui après des fortunes diverses, devait créer sous nos yeux de puissants organismes.

Marx a-t-il traversé, lui aussi, ces milieux ? Il serait difficile de l'affirmer. Nous ne pouvons suivre Marx à Paris dans sa chasse aux idées. Nous perdons vite sa trace. Ruge nous apprend seulement, non sans dédain, que Marx fréquentait beaucoup dans les clubs d'Allemands. Etudiants, artisans, employés, nombre d'exilés d'outre-Rhin fraternisaient alors dans les sociétés secrètes. On comptait beaucoup, pour l'émancipation de l'Allemagne et du monde, sur ces petits foyers. On raconte que Borne, en assistant à la première réunion organisée par un groupe d'artisans qui dînaient au restaurant de la rue Tirechappe, s'écria les larmes aux yeux : « Mes amis, je puis mourir avec tranquillité : l'Allemagne est sauvée ». *La Fédération des Bannis,* puis la *Fédération des Justes* succédèrent à cette première association. Dans les « tentes » ou les « communes » qui formaient les sections de combat, on se préparait au grand soir. Mais, en même temps, on élaborait les théories qui devaient fournir une ossature au sentiment socialiste. Des intellectuels, dans ces clubs, gardaient sans doute la haute main : après Venedy et Schuster, Maurer et Ewerbeck. Mais on voit apparaître au premier plan des figures d'ouvriers manuels : H. Bauer, cordonnier, Roll, horloger, et surtout le tailleur Weitling.

Après l'échauffourée de 1839, où la Fédération des Justes fit le coup de feu à côté de la Société des Saisons, Weitling avait été obligé de fuir en Suisse. Mais K. Marx devait trouver toujours vivant, dans ces officines parisiennes de conspirateurs doctrinaires, le souvenir de l'ouvrier devenu philosophe. C'était lui qui avait écrit en 1838 *L'Humanité telle qu'elle est et telle quelle devrait être,* où M. Andler voit comme une première esquisse du *Manifeste communiste.* Deux ans avant que Marx arrive à Paris, il vient de publier les *Garanties,* où l'inspiration fouriériste l'emporte. Marx, un peu plus tard, se montra particulièrement dur pour Weitling. À Bruxelles, quand il voudra imprimer à la doctrine de la Fédération communiste un tour strictement scientifique, il rompra, après une conversation tragique, avec le vieux militant : trop sentimental. Mais, en 1844, Marx admire encore son devancier et il veut faire admirer à tous, dans les œuvres philosophiques du tailleur allemand, « les souliers d'enfant-géant du prolétariat ».

Il va sans dire que Marx, à Paris, ne devait pas se borner à frayer avec ses compatriotes. Nous devinons avec quelle passion il s'informa des choses de France. Grand liseur, nous dit Ruge encore, il passe parfois deux ou trois nuits au milieu des livres. — Il pense à ce moment à écrire une histoire de la Convention —. Mais, grand causeur aussi, nous connaissons l'un au moins de ses interlocuteurs habituels : c'était Proudhon.

Ancien ouvrier imprimeur en passe de devenir un maître polémiste, auteur d'un mémoire volontairement tapageur sur la *Propriété* et d'un traité assez obscur sur la *Création de l'ordre dans l'humanité,* poursuivi puis acquitté par le jury du Doubs pour sa *Lettre à Considérant,* Proudhon était dès lors comme auréolé par les premiers feux de la gloire.

Épouvantail des bourgeois, il était pour la jeunesse révolutionnaire une manière de demi-dieu. Il faut voir dans les mémoires
de Karl Grün la sympathie passionnée que Proudhon lui inspire :
« Un cœur plein de calme, d'assurance, de gaîté même : un homme
beau et vaillant contre tout un monde... ». « Proudhon est le seul
Français complètement libre de préjugés que j'aie jamais connu ».

Marx aussi devait fréquenter ce libre esprit, qui représente pour
lui, à ce moment-là, le Prolétariat parvenu à la conscience de soi-
même. Quand il écrira *la Philosophie de la Misère*, Marx ne se van-
tera-t-il pas d'avoir inoculé à Proudhon le virus hégélien ? Herzen
raconte comment un soir Karl Vogt, en 1847, lassé d'entendre Bakounine et Proudhon, chez le musicien Reichel, rue de Bourgogne,
disserter sur le système de Hegel, rentre discrètement chez lui. Il
revient le lendemain matin pour emmener Reichel au Jardin des
Plantes. — Que voit-il ? Proudhon et Bakounine, assis à la place
où il les avait laissés, obstinés à poursuivre les débats qu'ils avaient
entamés la veille. Il est probable que, déjà avec Marx, Proudhon
passait ainsi les nuits. Dans ces deux jeunes têtes géniales, civilisation française et civilisation allemande se confrontaient, et, selon
le vœu de H. Heine, elles échangeaient leurs armes.

*
*   *

Chose singulière, ou plutôt, à y réfléchir, chose trop naturelle :
établis en France, ces intellectuels allemands ne mettent pas longtemps à mesurer avec une clarté aveuglante ce qu'ils pourraient
donner à la France, bien plutôt que ce qu'ils en pourraient recevoir.
Ils accouraient chez elle pour achever de les délivrer. Ils s'aperçoivent qu'ils portent sur eux de quoi la délivrer elle-même.

La délivrer de la religion, d'abord, ou du moins de la religiosité.
Arracher ces bandelettes sacrées de traditions et d'aspirations qui
continuent de la paralyser sans qu'elle s'en doute. Ce sera pour les
Français le premier bienfait de la nouvelle Alliance.

Paradoxale ambition, semble-t-il. Quoi ? Le pays où fut roi Voltaire, on le pense libérer des survivances religieuses en y important
l'esprit du pays où un Schelling trônait, il y a quelques années encore, sous la chasuble des repentis ? Qu'a donc produit alors cette
philosophie militante du dix-huitième siècle, plus dure encore aux

Célestin Bouglé

préjugés qu'aux abus, et dont Bakounine vantait les exploits ?

Il faut l'avouer, eussent répondu nos intellectuels allemands : à considérer la France d'aujourd'hui, cette philosophie a fait plus de bruit que de besogne. De tous côtés, après son passage, le préjugé repousse. Börne le faisait observer déjà à Heine trop enthousiaste : « Voltaire n'a pu qu'écheniller l'arbre. Il ne l'a pas déraciné ». Il est plus vivace que jamais. Trop d'esprits viennent dormir à son ombre séculaire.

« Le catholicisme est un tambour sans armée ! » C'est, raconte Ruge, ce qu'aimait à répéter un républicain de mes amis. Mais c'est ce que ne me parait pas du tout vérifier l'expérience. Plus de 80.000 prêtres, un trésor de guerre où l'État, pour sa part, verse bénévolement 36 millions : n'est-ce pas la preuve plus que suffisante que la religion vit toujours au cœur des masses ? Le pis est qu'elle survit chez ses adversaires. Combien de Voltairiens vont encore à la messe ! Tout au moins, ils restent déistes. Et sans doute leur attachement au préjugé théologique s'explique en partie — qu'ils s'en doutent ou non — par leur attachement au privilège économique. Dans la croyance en Dieu ils révèrent la gardienne de l'ordre actuel. Mais chez ceux mêmes qui ont à cœur de réformer cet ordre l'ennemi est logé. Quelques esprits aventureux ont commencé à mettre en France la question sociale à l'ordre du jour. Mais voici que ces faux Prométhée laissent voir la chaîne rivée à leur pied : ils se révèlent traditionnalistes. Ils se montrent incapables d'agiter la question sociale sans y mêler la religion. On peut admirer en France ce spectacle unique : des chrétiens y tiennent un langage socialiste et des socialistes un langage chrétien.

Du moins la secrète ambition de presque tous ces novateurs est-elle de fonder un « nouveau christianisme ». C'était le vœu suprême de Saint-Simon. Nombre de ses disciples prirent ce vœu à cœur. Après le Messie, les Apôtres, et bientôt les Pontifes. On se souvient des orgies de religiosité dont Ménilmontant fut le théâtre. Processions solennelles, chants liturgiques, prises d'habit, ces polytechniciens mystiques ne négligent aucun des moyens traditionnels d'agir sur les sensibilités. Ils ont senti, après Ballanche, « le vide profond des âmes ». Ils redécouvrent la nécessité, non seulement de la passion, mais de la croyance, mais du rite. Véritables « prêtres de Thèbes et de Memphis », s'écriera Benjamin Constant dans une apostrophe fameuse.

Quand paraissent les *Annales franco-allemandes,* les apôtres saint-simoniens se sont dispersés. La plupart sont redevenus ingénieurs ou financiers très pratiques. Heine, un instant séduit, se venge par des railleries un peu lourdes. La religion saint-simonienne a été aussi vite éteinte qu'allumée. « Les saint-simoniens, dira brutalement Proudhon, ont passé comme une mascarade ». Du moins leur passage laisse-t-il dans l'air comme une odeur d'encens. Beaucoup d'esprits en restent imprégnés. Pierre Leroux, que les gravures du temps représentent les mains jointes, l'air extatique, veut absolument faire passer à la *Revue des Deux-Mondes* un article sur Dieu qui lui paraît de la plus pressante actualité. On se souvient que Louis Blanc offrit à Ruge le régal d'une conférence contre l'athéisme. Quinet, avec Michelet, lutte à corps perdu contre les Jésuites ; niais il garde le secret désir de réconcilier ses compatriotes avec l'Évangile. Ruge va l'écouter au Collège de France. Il en revient de mauvaise humeur. Cela sent encore la Religion.

Bref, l'atmosphère n'est pas purifiée. Le ciel n'est pas net. Après la tempête et les éclairs de la Révolution, une sorte de brouillard laiteux s'est appesanti sur les esprits. À voir se complaire dans les nuages non seulement des foules encore nombreuses, mais une élite de chercheurs, l'avant-garde du monde moderne, nos Allemands sont étonnés, navrés, agacés. D'autant plus agacés qu'ils ont en main, leur semble-t-il, avec la nouvelle philosophie allemande, la véritable outre d'Éole : tous les vents qu'il faut pour dissiper tous les brouillards.

Pourquoi, au dix-huitième siècle, les philosophes français n'ont-ils pas réussi à réduire leur ennemi au silence ? C'est qu'ils se contentent de lui lancer des flèches. Ils ne le saisissent pas corps à corps. Ils restent incapables de paralyser ses mouvements ; car ils n'ont pas pris la peine de dévoiler son âme, de mettre au jour le secret de sa force. Pour dépasser il faut comprendre. Il appartenait à la philosophie allemande, longtemps enfermée qu'elle a été dans le cercle des problèmes religieux, de comprendre à fond la nature et le rôle des sentiments, de la croyance, de la tradition. *In hoc signo vinces* ; sans les armes que les penseurs d'Outre-Rhin vous ont forgées, dans leur laborieuse solitude, jamais votre victoire ne sera définitive.

Célestin Bouglé

C'est pourquoi Ruge écrit *Nos dix dernières années,* ou les plus récentes conquêtes de la philosophie allemande. Il imagine qu'un jeune Français, après s'être rendu compte de la mainmise que garde en son pays l'esprit religieux, lui demande cet aide-mémoire émancipateur. « Les Français sont aussi peu libres théoriquement que les Allemands le sont pratiquement ». Ruge rappelle donc le système audacieux de Hegel, et comment, malgré les conséquences conservatrices que l'auteur lui-même en tirait, cette dialectique, qui retient l'attention sur le mouvement perpétuel, et perpétuellement antithétique de l'histoire, constitue la plus éclatante justification de la critique révolutionnaire. Il fait revivre les méthodiques hardiesses de Strauss, récrivant la vie de Jésus, protestant au nom des textes précis et des idées nettes contre la trop facile réconciliation de la philosophie hégélienne et de la tradition chrétienne, montrant enfin dans ces mythes, où l'on veut voir des vérités éternelles, les produits spontanés de l'imagination d'un peuple à un moment déterminé de son histoire. Mais surtout Ruge veut faire profiter la France de l' « humanisme » feuerbachien.

Feuerbach uber alles : ces hégéliens délivrés sont, avant tout, — M. Albert Lévy l'a justement rappelé, — des disciples de Feuerbach. Il reste pour eux le véritable libérateur. Il a brisé le charme. Dans l'air saturé d'abstraction où la *Phénoménologie* avait fait vivre les esprits, *l'Essence du christianisme* est comme un coup de vent frais. Le style est coloré. Sous les idées les impressions affluent. L'homme se souvient qu'il a des sens. « Feuerbach, dira Marx, mit un terme à la guerre des dieux, c'est-à-dire à cette dialectique des concepts que suivaient les seuls philosophes ». C'est lui, vraiment, qui fit descendre la philosophie du ciel sur la terre. « Faire précéder la nature par l'esprit, s'écriait-il brutalement, c'est placer le ventre de l'homme sur sa tête. Le parfait suppose l'imparfait. L'intelligible suppose le sensible. Cherchons clans la réalité la source des idées, non clans les idées la source de la réalité ».

Fidèle à cette méthode, Feuerbach, quand il s'attaque aux problèmes religieux, dénonce les phénomènes de projection, ou, comme il dit encore, d'extériorisation et d'aliénation dont les croyances sont les produits naturels. C'est l'image de ses facultés idéalisées, sous la pression de ses désirs déçus, que l'homme projette au ciel : Dieu est le miroir de l'homme. La religion est la fille du désir. *Gnôthi seauton* : Connais-toi toi-même, la vieille devise socratique était le premier titre de *l'Essence du christianisme*. Que l'homme apprenne à se reconnaître dans ses œuvres et à respecter le vrai créateur des religions, qui n'est autre que lui-même. « Il faut rendre à l'humanité son essence aliénée », décrète Feuerbach dans le jargon qui devait garder si longtemps son prestige chez les adeptes du « socialisme vrai ». En d'autres termes, que le bien de l'humanité et non pas seulement sa dignité, mais son bien-être deviennent dorénavant la fin consciente de vos efforts. Feuerbach opère ici un retournement analogue à celui que tente chez nous, presque au même moment, Auguste Comte : aux aspirations religieuses des hommes, il assigne l'humanité pour centre. Comme son point d'appui à la pensée scientifique, l'humanité doit fournir son point d'attache à la conduite morale.

Ce mot d'ordre répondait, chez les jeunes philosophes allemands, à des aspirations longtemps comprimées. C'est pourquoi ils l'avaient accueilli comme une manière de révélation. On n'aurait plus besoin, donc, de s'attarder aux réconciliations si souvent tentées entre la raison moderne et les traditions religieuses. Le mécanisme producteur des croyances est démonté. Le secret est publié. On va pouvoir enfin penser à autre chose...

Aussi quelle déconvenue quand on s'aperçoit que la France est encore occupée aux rapetassages, et qu'elle s'obstine à raccommoder, pour en habiller jusqu'aux doctrines socialistes, la chape trouée du mysticisme ! On voit que ces gens-là n'ont pas lu *l'Essence du christianisme*. Engels en Angleterre renvoyait Carlyle à l'école de Feuerbach ; mais Louis Blanc ou Quinet en auraient besoin autant que Carlyle. Décidément ces Welches, livrés à eux-mêmes, ne vont jamais au fond des choses. Il n'y a que la philosophie allemande qui soit « radicale » ; elle seule, parce qu'elle creuse avec patience, est capable d'extirper des préjugés *radicitus*. Au total, nulle part l'émancipation théorique n'est aussi avancée qu'en Allemagne. C'est donc à nous qu'il appartient de prendre la tête du mouvement en portant devant nous le faisceau des idées allemandes, et, pour commencer, de trancher les invisibles liens dont les libérateurs français restent garrottés.

Ainsi un Ruge ou un Grün éprouvent, au contact de la France, la vérité des théories de Borne et de Heine sur la supériorité philosophique des Allemands. A mesure qu'ils connaissent mieux l'esprit français, ils apprécient davantage leur propre façon de penser. A fouler le sol étranger ils prennent une plus vive conscience de leur mission nationale.

*
* *

Encore restent-ils convaincus que pour l'adapter à la vie, il importe de transformer cette philosophie elle-même. Il faut, disait sans clarté Moses Hess, la faire enfin descendre du plan de la transcendance à celui de l'immanence et lui imprimer, par le souci même de l'action, une orientation nouvelle. Ce besoin de changer de point de vue et de méthode, c'est Marx qui le sent le premier et l'exprime avec le plus de décision.

Marx ne tarde pas à être agacé de l'espèce de magistère philosophique que prétendent exercer ces hégéliens en rupture de ban. À la philosophie superficielle des Français, ils opposent leur philosophie profonde. Mais qui sait si cette profondeur n'est pas plus apparente que réelle ? Elle consiste surtout à jeter sur la réalité un voile de formules toutes faites. On dira avec Hess que l'État et l'Église sont l'essence de l'homme aliénée ; avec Grün, que l'homme doit réabsorber la loi ; avec Heine, qu'il faut combattre non pour les droits humains des peuples mais pour les droits divins de l'humanité. M. Andler suggère que le souvenir de pareilles logomachies dicte sans doute aux auteurs du *Manifeste communiste* leur sévères ironies contre le pédantisme du « socialisme vrai » : puérilité pompeuse qui tient le philistin allemand pour l'homme normal.

À quelle date Marx éprouve-t-il le besoin de prendre définitivement position contre cette espèce de mégalomanie des intellectuels allemands ? Dès son séjour à Paris, on saisit la trace des croissantes répugnances qu'elle lui inspire. Il y sent la domination d'une forme d'esprit dangereuse pour lui-même. Ces chaînes que ses camarades portent avec orgueil, il veut les briser pour être sûr de n'en plus porter le poids. Il rompra avec eux pour rompre sans retour avec son propre passé.

En septembre 1844, Engels, revenant d'Angleterre, passe quelques jours à Paris, avec Marx. Les deux jeunes gens s'étaient déjà rencontrés à Cologne. Ils avaient constaté entre leurs esprits d'éton-

nantes communions d'idées : mêmes soifs, mêmes nausées aussi...
Quand ils se retrouvent à Paris, leurs expériences déjà enrichies,
une occasion leur est offerte de se poser en s'opposant. Leur ami
Bruno Bauer avait édité, lui aussi, une revue : *la Gazette universelle*.
Il y ralliait, sans les désigner nommément, l'attitude de Marx et
d'Engels. Ils complotèrent une contre-attaque ouverte. C'est cette
contre-attaque qui devint la *Sainte-Famille*, ou *Critique de la critique critique*. Minutieux règlement de comptes entre jeunes revues : page à page les rédacteurs des *Annales franco-allemandes*
suivent, pour en relever les bévues, les articles de la *Gazette universelle*.

Avec un malin plaisir ils montrent comment, préoccupés de retrouver partout la royauté de l'Esprit et de noter les progrès de la
conscience de soi, les collaborateurs que Bauer a endoctrinés ne
comprennent pleinement aucune des manifestations de la pensée
contemporaine.

Celui-ci multiplie les contresens sur Proudhon. Celui-là déforme
Eugène Sue (*Les Mystères de Paris* obtenaient alors le plus grand
succès en Allemagne : un *Verein* de Dames ne s'était-il pas formé
pour aider par ses subventions à des réformes sociales conformes
aux idées de l'auteur ?) En menant cette patiente campagne, Engels et Marx n'ont d'autre prétention, disent-ils dans leur préface,
que de défendre, contre le retour offensif de l'idéalisme spéculatif,
l'humanisme réaliste : c'est le nom qu'on donnait alors à la doctrine
de Feuerbach. En réalité leur effort de réaction va plus loin. Et ce
qui fait l'intérêt de ces pointilleuses disputes, c'est qu'on sent les
adversaires de Bauer en train de découvrir, avec une sorte de rage
concentrée, le danger de l'éducation intellectuelle dont ils ont eux-
mêmes reçu l'empreinte.

Lorsque Marx collabore aux *Annales franco-allemandes,* ce mouvement tournant de sa réflexion ne fait que commencer. Marx est
encore trop près du moment où, dans la *Gazette rhénane*, il re-
vendiquait le droit, il proclamait le devoir, il semblait s'assigner la
mission de débiter la philosophie en articles de journaux. (C'est le
sujet encore d'une réponse qu'il adressait à la *Gazette de Cologne*).
Du moins aperçoit-on déjà en quel sens il veut, avec plus de netteté
que Ruge, transformer, par le souci des questions pratiques, la tradition philosophique allemande. Dans la critique de la *Philosophie*

du Droit de Hegel, ce n'est pas seulement au delà de Hegel, c'est au delà de Feuerbach qu'il entend marquer ses positions.

Dès 1837, dans une lettre à son père, nous voyons le jeune Marx manifester sa défiance à l'égard de « l'idéalisme ». Il proteste contre cette manie de faire planer au-dessus des faits on ne sait quelles chimères inaccessibles : c'est dans le donné qu'il entend pour sa part chercher le rationnel. À ce programme l'enseignement hégélien devait, en un sens, donner satisfaction. On répète trop que le hégélianisme n'est qu'un idéalisme éperdu. Il faut s'entendre. Hegel aussi, Hegel, plus que personne, proteste contre le traditionnel divorce entre l'idéal et le réel. Ce sont les choses, selon lui, qui racontent la gloire de l'esprit ; c'est dans l'histoire qu'il faut lire le développement de l'idée. Le rationnel est dans le réel. Une impulsion pareille ne pouvait que contribuer à détourner Marx et Engels des fantaisies utopiques.

Il reste que pour expliquer le mouvement dialectique des choses et des êtres— construction, destruction, puis reconstruction synthétique — Hegel imagine, sous la surface des phénomènes, tout un système de moteurs cachés qui sont les idées. Dans ce sous-sol obscur Marx et Engels ne veulent plus descendre. La réalité sensible leur paraît se suffire à elle-même. À leurs yeux Feuerbach a raison : il faut aller des choses aux idées, et non plus des idées aux choses. C'est en appliquant cette méthode qu'il a pu victorieusement réduire les idées les plus « sacrées » de toutes, les idées religieuses, à d'inconscientes émanations de l'âme humaine.

Mais l'œuvre libératrice de Feuerbach demeure incomplète, et pour la compléter il faut passer enfin du plan de la pensée à celui de l'action. Ce n'est pas le tout d'avoir expliqué comment les nuées religieuses se forment au ciel. Il reste à empêcher que perpétuellement elles s'y reforment. Pour cela ce sont les conditions de la vie sur la terre qu'il importe de changer. Il faut balayer la terre pour purifier le ciel. La religion exprime un manque. (Elle est *das Dasein eines Mangels).* Aussi longtemps qu'il manquera tant de choses à la masse, l'illusion religieuse continuera de peupler l'horizon. C'est ce que Marx explique avec ce luxe de formules sibyllines où il se complaît alors :

3. L'ALLIANCE INTELLECTUELLE FRANCO-ALLEMANDE (1844)

« L'État, la Société produisent la religion — cette conscience renversée du monde — parce qu'ils sont eux-mêmes un monde renversé... La religion est la réalisation fantastique de l'être humain, parce que l'être humain ne possède aucune réalité véritable. La lutte contre la religion est donc, indirectement, la lutte contre le monde, dont la religion n'est que l'arôme spirituel... Dépasser le point de vue de la religion, bonheur illusoire pour le peuple, c'est réclamer pour qui un bonheur réel. Le presser d'abandonner toute illusion sur sa situation, c'est le presser d'abandonner une situation qui a besoin d'illusions... La religion est un soleil illusoire : elle ne se meut autour de l'homme qu'autant que l'homme ne se meut pas autour de lui-même. »

La « forme profane » de l'aliénation de la personnalité n'est autre que l'organisation sociale qui empêche tant d'hommes de mener une vie vraiment humaine. C'est donc sur celte organisation qu'il faut faire porter l'effort d'une pensée active. « Les philosophes n'ont fait qu'interpréter le monde de différentes manières : or, il importe de le transformer ».

Mais pour le transformer sera-t-il besoin de porter devant soi, comme un ostensoir, un idéal nouveau et de crier une fois de plus « à genoux » à la foule ? Non pas. Au point de l'évolution où nous en sommes, la réalité sociale se charge de dicter l'idéal. La méthode qui s'impose n'est plus une méthode dogmatique, mais une méthode critique. La statue gît sous nos pieds, dans la terre : il n'est que de la dégager. Il n'est que de confesser le monde, conclura Marx. Il faut pouvoir lui dire : « Voici l'idéal que dès longtemps tu poursuis. Voici ce pourquoi tu combats en réalité ».

*
* *

À vrai dire, par cette formule, Marx nous avertit de ne pas nous fier à l'aveuglette à toute espèce de mouvement d'opinion. Nous le sentons déjà prêt à se reprendre, à protester contre des déviations possibles. Il demande à distinguer. On l'a fait observer justement : en dépit des apparences, la formule hégélienne, « tout ce qui est réel est rationnel », ne justifie pas n'importe quelle situation de fait. Tout réel qu'il soit, tel gouvernement peut être déclaré irrationnel, si son développement n'obéit pas à la logique interne de l'histoire.

Célestin Bouglé

De même, aux yeux des hégéliens révolutionnaires, il n'est pas vrai que toute révolution soit pleinement rationnelle. L'avant-garde peut se tromper sur les forces en présence.

Elle peut faire fausse route.

Qui sait si Marx n'est pas confirmé dans cette impression par les spectacles mêmes que la vie de la France lui met sous les yeux, et par les souvenirs qu'il fait lever en foulant les pavés de la Ville révolutionnaire ? On s'est bien battu ici ; mais s'est-on battu après tout pour autre chose que pour un changement de décor ? La France est le pays de l'action. Mais l'action dont la France offre l'exemple n'est-elle pas souvent une action toute superficielle ? À grand effort et à grand bruit, on chasse un roi, ou même on change de gouvernement. A-t-on touché, pour autant aux causes profondes de la dépendance des peuples ? En deux mots, c'est à l'action proprement politique que la majorité des Français prête le plus d'attention. Marx comme Ruge constate cette tendance. Ruge serait tenté d'y céder à son tour. Marx entend qu'on résiste avec énergie.

Ses défiances vis-à-vis de la politique — ou du moins sa conviction que la politique n'est qu'un leurre si elle n'est au service d'un mouvement social— apparaissent avec netteté dans deux articles qu'il écrivit en 1.844 pour libérer sa conscience. Le premier est dirigé contre Bruno Bauer : c'est l'article sur la Question juive qui parut dans les *Annales franco-allemandes*. Le second est dirigé contre Ruge lui-même et publié par le *Vorwaerts* parisien.

De quel droit, demandait Bauer aux Juifs, réclamez-vous la liberté politique, quand vous n'avez pas su vous libérer vous-mêmes des croyances religieuses ? Soyez d'abord des esprits libres, pour qu'on puisse faire de vous des citoyens égaux aux autres. De quel droit, riposte Marx, imposerions-nous aux Juifs, sous prétexte d'émancipation politique, de renoncer à leur religion ? *Émanciper* est bientôt dit. Mais de quelle émancipation s'agit-il ? Je me fais fort de prouver, l'expérience des sociétés modernes en main, d'abord que pour l'égalité l'émancipation religieuse n'est pas nécessaire ; secundo, que l'émancipation politique est insuffisante. Un « Etat de Droit », garantissant à tous une égale liberté politique, peut fort bien se constituer sans que les citoyens soient forcés d'abdiquer leurs croyances religieuses : voyez plutôt ce qui se passe aux États-

Unis. Mais surtout quelle illusion de croire que la constitution d'un État de droit libère réellement les citoyens ! Voyez plutôt ce qui s'est passé en France. On a proclamé les droits de l'homme. On a renversé les dernières barrières du monde féodal. Résultat : sur une poussière d'atomes — d'individus désorganisés — la concurrence s'est donnée libre carrière. Plus que jamais les forts — entendez : ceux qui disposent d'une puissance extérieure, d'un capital — ont pu mettre en coupe réglée les faibles : ceux qui n'ont pour eux que leurs bras ou leurs talents.

C'est sans doute en ce sens qu'il faut interpréter l'obscure formule de Marx : « À la plénitude de l'idéalisme dans l'ordre politique correspond la plénitude du matérialisme dans l'ordre économique ». On voit poindre ici la pensée que Marx développera largement dans le *Capital*. « Libellé, égalité..., et Bentham » s'écriera-t-il : c'est pour les besoins de l'utilitarisme commercial, c'est pour le libre fonctionnement des nouveaux ressorts économiques que l'idéalisme révolutionnaire a fait place nette. Tant que ces ressorts resteront les mêmes, tant que l'homme par suite sera traité comme une chose, vos émancipations, religieuses ou politiques, ne seront qu'apparence. Vous prétendez libérer les juifs du judaïsme : commencez donc par libérer, de cette « juiverie » qu'est l'organisation capitaliste, votre monde chrétien.

Mêmes sons des cloches, plus nerveusement frappés encore, dans le *Vorwaerts* parisien. Ruge avait consacré un article à l'émeute des tisserands de Silésie. Brutalement réprimée par le gouvernement, elle avait été bientôt, semble-t-il, oubliée par l'opinion. D'où vient, se demande Ruge, cette espèce d'insensibilité de la conscience publique ? Sans doute de ce que l'Allemagne reste un pays « impolitique » *(unpolitisch)*. Là où la vie politique est peu intense et manque d'organes, les émotions collectives ne sauraient guère avoir de répercussions utiles. C'est pourquoi leurs vibrations s'arrêtent vite. L'Allemagne est politiquement arriérée : c'est ce qui l'empêche d'être socialement avancée. — Erreur, répond Marx. Croyez-vous qu'en Angleterre, où la conscience politique est plus développée, les vraies causes du paupérisme se découvrent plus clairement ? On y fait plus d'efforts qu'ailleurs, au contraire, pour les cacher sitôt aperçues. Mais surtout mesurez, en France encore, les déviations dont est responsable la foi dans la « raison politique ». Qui est possédé de cette foi croit à la toute-puissance des volontés arbitraires. Il ne voit pas quelles limites cette volonté rencontre dans la force des choses. Pour remédier aux maux de l'organisation économique, il place sa confiance dans l'État. Mais comment l'État serait-il capable de faire cesser un désordre dont lui-même est le produit normal, puisqu'il a pour fonction essentielle le maintien de l'inégalité ?

Plus tard Marx, réagissant contre, les tendances anarchistes que personnifiera Bakouine, insistera sur la nécessité où se trouverait le prolétariat conquérant de mettre la main sur le mécanisme de l'État. Maintenant il insiste sur le danger auquel les prolétaires s'exposent s'ils se laissent prendre les mains à l'engrenage des luttes politiques.

De ce point de vue les ouvriers allemands — précisément parce qu'ils se soucient beaucoup moins de la forme du gouvernement — lui paraissent garder une supériorité sur les ouvriers français. Tout récemment encore les canuts lyonnais descendaient dans la rue en invoquant la République. Combien plus pratiques ces tisserands de Silésie qui se contentaient de briser les machines, de brûler les titres, en un mot d'attaquer directement la propriété ! K. Marx semble voir ici la preuve qu'en dépit des apparences les ouvriers allemands sont plus « conscients », comme on dirait aujourd'hui, que les français. Ils se bornent, eux du moins, aux gestes essentiels. Leur instinct leur dévoile le véritable enjeu de la partie. Que cet instinct s'épanouisse seulement en intelligence, et le prolétariat allemand deviendra tout naturellement le premier théoricien de la révolution sociale.

Il est donc vrai qu'en Allemagne on ne voit pas seulement l'idée descendre vers la réalité. La réalité monte spontanément vers l'idée. Sous la pression de leur situation économique les ouvriers travaillent ici à faire passer dans les faits l'idéal pressenti par les philosophes.

L'Allemagne n'a pas de vocation pour les révolutions politiques, sans doute : elle en a d'autant plus pour les révolutions sociales. Et après tout, n'est-ce pas dans le socialisme seulement qu'un peuple philosophe peut trouver une forme d'action vraiment libératrice ?

On le voit : ici Marx n'appelle plus de ses vœux « le chant retentissant du coq gaulois ». Il prête plus volontiers l'oreille aux rumeurs qui viennent d'outre-Rhin, et il y discerne d'incomparables promesses.

Il est très nécessaire somme toute, concluait Ruge, que les Français prennent des leçons des philosophes allemands : à ce prix seulement la France sera libérée des survivances de la religion. Somme toute, il est très nécessaire, pense Marx, que les Français prennent des leçons des ouvriers allemands : à ce prix seulement la France sera libérée des déviations de l'action politique.

Ainsi les exilés toujours, quelque émancipés qu'ils pensent être, se retournent vers la terre natale, et découvrent les meilleures raisons de la présenter à l'admiration du monde...

Il n'en reste pas moins que lorsqu'ils rentrent chez eux ils rapportent d'ordinaire tout un bagage d'idées fécondes. Les fondateurs du socialisme scientifique furent de ces voyageurs que leurs voyages enrichissent. Les *Annales franco-allemandes* peuvent faire banqueroute : dans le cerveau du jeune Marx un « rapprochement franco-allemand » s'est accompli, dont la trace demeurera sur le système qui va, pendant des années, servir de centre intellectuel au socialisme international.

4. MARXISME ET SOCIOLOGIE

Sur quels points y a-t-il convergence, sur quels points divergence entre les principes de la philosophie marxiste, tels qu'ils ont été posés par les prophètes du socialisme scientifique, Marx et Engels, et les tendances de la sociologie proprement dite, telles qu'on les peut dégager des travaux des sociologues contemporains ? Pour répondre par le détail à cette question, une très longue enquête en partie double serait nécessaire. Mais il n'est peut-être pas impossible de pressentir, dès à présent, à quelles conclusions elle aboutirait.

*

* *

Le postulat de toute recherche proprement sociologique, c'est l'idée que le tout social est quelque chose d'autre que la somme de ses parties. L'association réagit sur les éléments associés. Leur union exprime plus que l'addition de leurs propriétés séparées. D'où il suit, comme disait Claude Bernard, que « la connaissance de l'homme isolé ne nous apporterait pas la connaissance de toutes les institutions qui résultent de son association et qui ne peuvent se manifester que par la vie sociale ». Nécessité, donc, d'observer du dehors ces synthèses *sui generis,* dont la seule introspection ne saurait, nous faire deviner la forme. De là découlent toutes les règles de la méthode sociologique.

Ce sentiment de l'hétérogénéité, de la nouveauté du fait social par rapport aux faits individuels ne se retrouve pas également chez tous ceux qui ont préparé les voies à la sociologie. Spencer, par exemple, semble quelquefois croire que, pour connaître les propriétés d'un tout, il suffit de connaître les propriétés de ses éléments, plus les lois générales auxquelles le mouvement de chacun d'eux est soumis. Il compare à ce propos le corps social à un tas de briques. IL oublie alors que, si le corps social diffère d'un tas de briques, c'est précisément par les modifications que ses parties éprouvent du seul fait de leur rapprochement.

Le sentiment qui paraît manquer ici à Spencer ne manque ni à Marx ni à Engels. Sur ce point, comme sur tant d'autres, leur attention est éveillée par Hegel, dont ils appliquent les catégories en les transposant. « Un changement quantitatif arrivé à un certain degré entraine un changement qualitatif » ; c'était un des principes favoris du maître. C'est ce principe qui amène ses disciples socialistes à remarquer et les incite à analyser les faits nouveaux qui paraissent résulter de la réunion des hommes. En défendant contre les railleries de Dühring la formule hégélienne reprise par Marx, Engels ne se contente pas de faire observer que la chimie tout entière en est une vérification éclatante : en faisant varier les seules proportions des éléments en présence, n'obtient-elle pas des composés originaux ? Il ajoute qu'en matière de psychologie sociale des liaisons analogues se retrouvent constamment entre les variations de la quantité et celles de la qualité. Il arrive qu'une grandeur donnée permette seule à l'organisation de produire ses effets : sans un minimum de volume telle structure ne saurait révéler sa vertu. Napoléon remarquait que si deux Mamelucks valent trois Français, cent Mamelucks et cent Français se valent, mais mille Français sont toujours supérieurs à quinze cents Mamelucks. Qu'est-ce à dire, sinon qu'un certain nombre d'unités est nécessaire pour que devienne sensible l'avantage qui résulte de la coordination des mouvements sous une discipline commune ? Si la quantité est active, on voit clairement, en matière sociale, que c'est par les « réactions » qu'elle permet aux unités d'exercer les unes sur les autres.

Quel usage Karl Marx fait de ce principe, on s'en rend compte : il domine toute la théorie qui dénonce, en face du caractère privé que garde l'appropriation en régime capitaliste, le caractère social qu'y prend la production. Pour que la grande industrie pût multiplier ses miracles, il fallait que fût donnée une certaine quantité de choses et d'hommes : une certaine somme d'argent, pour acheter et entretenir le matériel de l'exploitation, et surtout un certain nombre de travailleurs libres, prêts à coopérer. La coopération peut être *simple* ou *complexe.* Dans le second cas elle implique une division du travail ; dans le premier elle se réduit à une accumulation d'efforts. Mais cette accumulation est déjà autre chose qu'une addition pure et simple. Karl Marx s'ingénie à montrer quelles économies de toutes sortes résultent du seul fait que les travailleurs sont nombreux et forment comme un travailleur collectif. Douze maçons font la chaîne : « les vingt-quatre mains du travailleur collectif font passer les pierres beaucoup plus vite que ne le feraient les mains des travailleurs isolés montant et descendant l'échafaudage ». Les mêmes douze maçons simultanément occupés aux différents côtés d'une bâtisse avanceront l'œuvre plus rapidement que ne le ferait un seul maçon en douze jours de travail : c'est que « le travailleur collectif a des yeux et des mains par-devant et par-derrière et se trouve jusqu'à un certain point présent partout. »

Mais à ces effets d'ordre en quelque sorte mécanique il importe d'ajouter les effets d'ordre moral. Par cela seul que les hommes travaillent les uns à côté des autres, un phénomène d'entraînement se produit, une « excitation des esprits animaux » : l'émulation double l'effort. Belle preuve, ajoute Marx, que si l'homme n'est pas, comme le veut Aristote, un animal politique, il est du moins un animal social.

Vienne d'ailleurs l'heure de la spécialisation ; les hommes sont organisés et non plus seulement juxtaposés : alors surtout des valeurs nouvelles sont créées par l'association, alors des produits plus nombreux s'accumulent, dans un même temps, à moindre frais.

Célestin Bouglé

Que la manufacture réunisse des artisans divers, naguère indépendants, ou qu'elle décompose le travail entre des ouvriers naguère occupés en un même lieu à la même tâche, toujours est-il qu'elle a pour résultat de river l'individu à une opération de détail. Le « Briarée collectif » a désormais mille mains armées d'outils divers. Et il est d'autant plus puissant que ses éléments — les individus — sont plus parfaitement réduits à l'état d'organes.

Un progrès de plus : les opérations naguère confiées à la main de l'homme sont accomplies par des machines-outils, elles-mêmes servies par des machines-moteurs. Voici le « monstre mécanique qui, de sa gigantesque membrure, emplit des bâtiments entiers ». Dès lors la qualification du travail perd de son importance. L'homme est remplaçable à merci par la femme ou l'enfant. L'ouvrier est transformé en « appendice de la machine ». L'effort individuel se perd en quelque sorte dans le mouvement mécanique de l'ensemble. Plus que jamais le produit apparait comme un produit sans nom d'auteur, une œuvre essentiellement collective.

L'intérêt sociologique de la théorie esquissée ici par Karl Marx, c'est qu'elle pourrait être généralisée. L'auteur du *Capital* nous montre, dans l'ordre économique, quelles forces nouvelles naissent des diverses formes que prend la coopération entre les hommes ; il discerne dans le produit de l'industrie l'espèce de plus-value qui est l'œuvre propre du fait social. Mais il est clair que les surplus ainsi créés ne restent pas toujours nécessairement des surplus de force matérielle. Le fait social peut engendrer d'autres valeurs que celles qui s'incorporent dans les articles de fabrique. Marx n'a fait ici qu'une application particulière d'un principe qui dépasse le cercle de la vie économique.

*
* *

Il faudrait en dire autant de la théorie de la circulation qu'il annexe à sa théorie de la production. Ce que Marx explique ici, à propos de la marchandise, c'est comment une « chose sociale » se constitue, et à la suite de quelles métamorphoses elle se dresse, comme il dit, devant les individus. Un quintal de froment et un kilogramme de fer, une table ou un habit, si je les considère comme des objets de commerce, sont des choses dont la réalité ne tombe pas tout entière sous les sens. À côté de leur valeur d'usage, qui est déterminée par leur forme même, elles possèdent une valeur d'échange : c'est-à-dire qu'il se retrouve en elles un élément commun, indépendant de leurs formes particulières et susceptible d'évaluation quantitative. Cette substance, cause de la valeur d'échange, n'est autre, selon Karl Marx, que la quantité de travail moyen qui se cristallise en quelque sorte dans l'objet. Ainsi, derrière les choses, cherchez les hommes ; et derrière les individus, l'homme-moyen. L'objet n'a qu'une valeur d'emprunt. Lorsque vous lui prêtez une valeur en soi, vous hypostasiez dans une chose les résultats d'un rapport d'activités : « fétichisme ». « C'est un rapport déterminé des hommes entre eux qui revêt ici pour eux la forme fantastique d'un rapport des choses entre elles. »

Sur la portée économique de celte théorie, nous n'avons pas en ce moment à nous prononcer. Marx y élimine, pour déterminer la valeur réelle des objets d'échange, toute influence « extrinsèque », comme serait par exemple celle de l'offre et de la demande : c'était se condamner peut-être, a-t-on fait remarquer, à n'obtenir qu'une théorie tout abstraite, tout idéale de la valeur [1]. Mais quand on réintégrerait les facteurs négligés dans le Ier volume du *Capital* — comme Marx lui-même devait le tenter dans le IIIe volume — on n'enlèverait pas à la conception marxiste de la circulation ce qui en fait à nos yeux l'intérêt sociologique. Quand elle devrait faire entrer en ligne de compte la mesure des besoins à côté de celle des efforts, il reste qu'elle nous montre les choses prenant une apparence de vie propre par l'effet des rapports plus ou moins complexes que les hommes soutiennent les uns avec les autres. Elle nous fait assister, comme le dit Marx en termes qui lui viennent de Feuerbach, à des phénomènes de projection, d'aliénation, d'extériorisation.

Il est évident que des explications du même genre pourraient s'appliquer à d'autres « mystères » qu'au mystère de la marchandise. Marx l'a noté lui-même à propos de la religion. Et ce n'était que justice : s'il est vrai que les idées marxistes sur la genèse de la valeur marchande sont avant tout une transposition des idées

---

1 Voir Benedetto Croce, *les Interprétations récentes de la théorie marxiste de la valeur,* dans *Matérialisme historique et Économie marxiste,* pp. 207-234.
G. Sorel, dans le *Journal des économistes,* n° du 15 mai 1897.

Célestin Bouglé

feuerbachiennes sur la genèse des dieux [1]. Les produits du cerveau humain eux aussi, observe Marx, prennent l'aspect illusoire d'êtres indépendants. Mais il n'y a aucune raison pour réserver le privilège de ces métamorphoses aux produits proprement religieux. Entre les croyances religieuses et les valeurs marchandes, différentes espèces de choses sociales peuvent s'étager, elles aussi « projections » des rapports que les hommes soutiennent les uns avec les autres.

C'est ainsi que l'analyse de leurs théories économiques révélerait, chez Marx et chez Engels, la survivance d'un certain nombre de notions philosophiques — qu'elles leur viennent de Hegel ou qu'elles leur viennent de Feuerbach, — propres à leur ouvrir les yeux sur les phénomènes qui résultent des modalités du groupement humain, tant sur les forces qui s'en dégagent que sur les formes qu'elles projettent.

Mais tireront-ils tout le parti voulu de ces suggestions ? Le matérialisme qui aura leurs préférences ne va-t-il pas s'interposer, comme pour fermer les perspectives sociologiques qu'ils avaient eux-mêmes ouvertes ?

*

* *

Le matérialisme de Marx et d'Engels ne nie nullement, comme on a paru quelquefois le croire, que la vie économique, et d'une manière plus générale la vie sociale, ne suppose une vie psychique. Bien plutôt pourrait-on retrouver, sous leurs formules mêmes, cette notion que les faits sociaux sont en dernière analyse des faits de conscience.

Sans doute Engels répétera dans *l'Anti-Dühring* —qui fut, comme l'on sait, revu et complété par Marx — que comme l'homme est un produit de la nature, la pensée est un produit du cerveau. En ce sens ce n'est pas seulement à l'empirisme, mais bien, quoi qu'on en ait dit, au matérialisme proprement dit que le socialisme scientifique s'efforce de se rattacher [2]. Il reste que, entre l'affirmation

1 Voir A. Lévy, *la Philosophie de Feuerbach et son influence sur la littérature allemande*, 2° partie, chap. III.
2 Voir à ce propos les remarques de B. Erdmann, *Die philosophischen Grundlagen der materialistischen Geschichtsauffassung*, dans le *Jahrbuch für Gesetzgebung*, 1097, pp. 1-57.

4. MARXISME ET SOCIOLOGIE

métaphysique que formulent ainsi ses fondateurs et l'explication qu'ils fournissent de la dialectique de l'histoire il y a une solution de continuité. Ils n'ont pas tenté les réductions que le matérialisme exigerait. Et puis, quand bien même les images ou les idées se laisseraient réduire à des modes du mouvement, elles n'en apparaîtraient pas moins, dans le matérialisme historique, comme des intermédiaires nécessaires. Marx et Engels ont « naturalisé » le règne social, a-t-on dit. Soit ; mais sans jamais méconnaître, du moins, ce qui distingue les processus humains des processus naturels. « Les hommes font leur histoire », répètent-ils. Et Engels ira jusqu'à dire que dans l'évolution de la société — au rebours de ce qui arrive dans l'évolution de la nature — « rien ne se fait sans dessein conscient, sans but voulu ». C'est que les éléments de l'organisme social sont des êtres doués de conscience, « agissant par passion ou par réflexion, et poursuivant des buts déterminés ».

Toutefois, sitôt cette concession faite, Engels va en atténuer l'importance. Il va montrer que quiconque veut découvrir la loi de l'évolution sociale a peu à attendre d'une psychologie qui lui ouvrirait ce monde intérieur. Car c'est avant tout un monde d'apparences illusoires. Ces fins ne sont pas les causes agissantes. Ces mobiles ne sont pas les raisons suffisantes des événements historiques. L'activité consciente des hommes entraîne des conséquences imprévues ; et elle obéit à des causes cachées, inaperçues ou inavouées.

Vous visez un but : vous atteignez un résultat tout autre. C'est suivant Engels la règle en matière sociale. Les fins qui attirent les individus divergent : mais, en raison même de ces divergences, leurs tendances se neutralisent. « Ce que chacun veut est contrarié par chacun des autres, et ce qui arrive c'est quelque chose que personne n'a voulu. » C'est pourquoi sans doute les résultats de l'histoire seraient si surprenants, le plus souvent, pour ceux mêmes qui les ont préparés. Dans la grande fermentation du dix-huitième siècle, bourgeois et gentilshommes, magistrats et gens de lettres suivent chacun leur idée. On les eût bien étonnés les uns et les autres si on eût dressé devant leurs yeux l'échafaud de la Terreur, et derrière lui, le trône de Napoléon. Luther ne se doutait pas, dira M. Labriola [1], qu'il travaillait pour l'avenir du Tiers-État. Les hommes sont les ouvriers d'une œuvre dont les grandes lignes leur restent

---

1 *Essais sur la conception matérialiste de l'histoire*, p. 116.

Célestin Bouglé

cachés. Finalement des influences générales l'emportent, dont personne peut-être ne se rendait compte. Et c'est pourquoi sans doute, dans l'histoire humaine, toute traversée qu'elle soit d'éclairs de conscience, des lois se manifestent, analogues à celles que suit la marche de l'aveugle nature.

Si d'ailleurs des convergences se révèlent, lorsque les actions des individus déroulent leurs conséquences, c'est sans doute qu'à l'origine de leurs actions les mêmes impulsions se retrouvent, où se révèle la force des situations auxquelles ils sont soumis. « Tout ce qui meut les hommes doit passer par leurs têtes, mais la forme que revêtent les choses en y passant dépend beaucoup des circonstances. » Derrière les tendances conscientes il faut chercher les véritables forces motrices, c'est-à-dire les causes historiques qui se transforment en mobiles d'actions. Or nos mobiles sont bien loin de nous révéler toujours le fond dont ils émergent : ce sont des fleurs qui ne laissent pas voir leur tige.

Faut-il donc dire que les *treibenden Mächte* sont des forces inconscientes ? M. Andler fait remarquer à ce propos que M. Labriola, dans son commentaire du matérialisme historique, force sans doute la pensée marxiste. Marx n'est pas Hartmann. Et l'on ne trouve chez lui, semble-t-il, aucun appel aux puissances obscures de l'âme subliminale [1].

Toutefois, dans les écrits de Engels du moins, on relèverait plus d'une expression propre à laisser croire que le ressort des ressorts demeure le plus souvent dans l'ombre. En tous cas les vraies raisons des mobiles restent inaperçues ou inavouées. Les motifs que l'homme assigne à sa conduite, pour les autres ou pour lui-même, ne sont souvent que des prétextes. L'historien qui s'y tiendrait écrirait l'histoire à coups de fictions, volontaires ou involontaires. Et c'est pourquoi Hegel, s'il avait tort de se figurer les moteurs de l'histoire sous la forme d'Idées qui ne sont que des schèmes abstraits, avait raison de représenter les hommes comme des serviteurs aveugles de forces qui les dépassent.

Si cet illusionnisme, comme dit M. Masaryk [2], constitue l'essentiel du matérialisme historique, beaucoup de sociologues devraient alors s'avouer matérialistes. Car il est clair qu'un des postulats de

---

1 *Revue de métaphysique et de morale*, 1897, p. 651.
2 *Die philosophischen und sociulogischen Grundlagen des Marxis-mus*, p. 184.

leurs recherches est que les fins consciemment poursuivies par les individus ne sont pas les causes suffisantes de l'évolution sociale. Les théories qu'esquisse Engels sur la neutralisation réciproque des tendances individuelles et l'imprévisibilité de leurs conséquences se retrouvent développées sous des formes diverses dans la littérature sociologique. Cournot montrait déjà comment, par le seul frottement des individus, le mécanique tend à prévaloir sur l'organique, l'universel sur le particulier : à la limite une « physique sociale » apparaît comme possible. Wundt insiste sur ce qu'il appelle l'hétérogénie des fins. Il observe que la raison pour laquelle nous respectons une coutume n'a rien de commun, le plus souvent, avec la raison pour laquelle elle a été instituée. Autour de la place où a disparu la pierre, des cercles concentriques vont s'élargissant. Les effets imprévus de l'institution initiale se multiplient, en fournissant aux hommes de nouveaux motifs d'action. C'est dire que l'essentiel au point de vue social, dans les actes humains, c'est ce qui les dépasse en sortant d'eux : les conquêtes que personne n'a voulues sont de celles qui enrichissent le plus la civilisation.

Que d'ailleurs les raisons que se donne l'homme pour expliquer sa conduite expriment rarement les causes véritables des institutions, c'est un point sur lequel s'accordaient la plupart des sociologues. Contre les « historiens historisants » ils maintiennent que la défiance à l'égard des motifs avoués— fussent-ils explicitement formulés dans vingt documents — est une précaution de méthode qui s'impose. Ce que l'individu pense des causes ou des fins d'une pratique collective qu'il respecte peut avoir son intérêt ; c'est un symptôme entre autres, et dont il sera bon de tenir compte. Mais il serait vain de lui réserver une valeur privilégiée. Pour découvrir les véritables raisons d'être des institutions, il faut mener plus loin et faire remonter plus haut une enquête objective. C'est ce que M. Durkheim exprime en déclarant que le point de vue anthropocentrique n'est pas plus fondé en sociologie que dans les autres sciences naturelles. Il est donc vrai que dans nombre de cas les causes initiales sont inaccessibles à l'introspection. Les ressorts des ressorts, comme le voulait Engels, restent cachés.

Où les applications de ce principe sont les plus frappantes, c'est lorsqu'il s'agit des rapports de la morale et de la science des mœurs.

Célestin Bouglé

La sociologie prend volontiers, ici, une attitude tout à fait diffé-
rente de celle de la Voir la *Revue bleue* du 26 mai 1900, p. 649.
philosophie traditionnelle. Les conceptions morales, les principes,
les systèmes, par lesquels la conscience s'efforce de justifier les obli-
gations qui s'imposent à elle, on cesse de leur assigner la première
place et de leur reconnaître un rôle de direction. Outre qu'elles ac-
culent le plus souvent l'esprit à des contradictions insolubles, elles
ne font que traduire plus ou moins parfaitement en langage intellectuel les exigences d'une société donnée. De cette réalité sous-
jacente la conscience reçoit les inspirations sans en posséder une
vue complète et précise : la nappe nous reste cachée, qui alimente
le puits intérieur. Et c'est pourquoi il est vain de demander à la
seule conscience une science véritable de la morale. Les ethno-
graphes nous fournissent, des pratiques religieuses en Australie ou
des mœurs domestiques en Chine, une explication que Chinois ou
Australiens ne soupçonnent nullement. Ainsi la « nature morale »
des sociétés où nous vivons, pour familière qu'elle nous soit, peut
rester pour nous, sur bien des points, une *terra incognita*. C'est
pourquoi il importe de renoncer définitivement à ce que M. Lé-
vy-Bruhl appelle l'anthropocentrisme moral. La science « loin de
ramener l'ensemble de la réalité sociale à la conscience comme à
son centre, rendra compte au contraire de chaque conscience morale par l'ensemble de la réalité sociale dont cette conscience fait
partie, et dont elle est à la fois une expression et une fonction [1] ».
Des explications auxquelles on peut aboutir par ce changement de
point de vue, M. Durkheim nous offre quelques exemples, lorsqu'il
nous avertit que la crise actuelle de la morale tient moins au désar-
roi des idées qu'à la façon dont est organisée chez nous la division
du travail : l'incertitude des consciences révèle moins l'insuffisance
des théories philosophiques qu'une désharmonie dans la structure
de la société. De même ce serait par un défaut d'intégration — les
groupes manquant, qui sont propres à contenir en même temps
qu'à soutenir l'individu — non par la propagande des doctrines
pessimistes que s'expliquerait la multiplication des suicidés [2]. Le
malaise des consciences traduit à sa façon une maladie du corps
social.

---

1 *La Morale et la science des mœurs*, p. 207.
2 *La Division du travail social*, conclusion. *Le Suicide*, conclusion.

4. MARXISME ET SOCIOLOGIE

Or n'est-ce pas à des préoccupations analogues qu'obéit Karl Marx lorsqu'il rappelle que la morale ne condamne que ce que l'histoire a déjà condamné ? Il ne tient les sentiments moraux pour dignes d'intérêt, c'est-à-dire pour capables de conséquences que lorsque leur mouvement correspond à quelque changement profond dans la structure sociale elle-même. Si le *Manifeste communiste* s'élève avec tant de force contre le socialisme idéaliste, c'est que celui-ci paraissait croire qu'on peut changer, à force de prédications, l'orientation de la conscience collective. Des aimants singulièrement plus puissants, cachés dans les faits économiques, gouvernent ses démarches par leurs déplacements automatiques. Sur ce terrain même il faut aller du dehors au dedans, de l'être à la conscience. Ce que Hegel disait des systèmes philosophiques est donc vrai aussi des sentiments moraux : « La chouette de Minerve ne prend son vol qu'à la tombée du jour ». *Post factum* : l'idée morale suit et traduit le fait social. Et il importe que les conditions de fait aient été préalablement réunies pour que se fasse jour un véritable sentiment de masse, seule puissance qui mérite d'être prise en considération.

Jusqu'à ce point il semble que l'accord subsiste : le marxisme a posé le problème dans les termes mêmes où, pour spécifier sa position par rapport à celle de la psychologie individuelle, se plaît à le poser aujourd'hui la sociologie objective. Mais que pensera-t-elle de la solution, et de ce qu'on peut appeler la partie positive du marxisme ?

*

* *

L'explication que proposent Marx et Engels de toute idéologie est une explication « matérialiste », Que signifie cette expression ?

Elle prête à l'équivoque, on l'a répété bien des fois [1]. Au fond elle signifierait simplement, selon M. Labriola, que le marxisme tend au monisme. Il vise à fournir des choses sociales une explication unitaire. Il refuse de voir dans les mouvements de la société les effets de la lutte de deux éléments, esprit et corps, ou de la colla-

---

1 *Marx Studien* I (*Kausalität und Teleologie in Streite um die Wissenschaft*, par Max Adler), pp. 289, 297, 299. — Weisengrün, *Der Marxismus und das Wesen der sozialen Frage*, p. 53.

Célestin Bouglé

boration d'un nombre plus ou moins grand de facteurs — économique, religieux, politique — qui formeraient, comme disait M. G. Deville, une sorte de syndicat. Il n'y a qu'une vie, dont les besoins commandent toutes les fonctions de la société. Tout se tient dans cet organisme. Et ce n'est que par une abstraction dangereuse qu'on y sépare les organes les uns des autres. Leur fonctionnement même suppose leur interdépendance. C'est par-dessus tout cette réciprocité d'action que les affirmations de Marx et d'Engels ont eu le mérite de mettre en lumière, en rattachant le cours même des idées à « l'intégralité » du mouvement social.

Si le marxisme s'en tenait là, on pourrait soutenir encore que sa tentative répond aux desiderata de la sociologie. Et, en effet, si l'on s'est efforcé de constituer une sociologie proprement dite, c'est qu'on éprouvait le besoin de coordonner en même temps que de compléter les recherches des diverses disciplines historiques : on voulait « intégrer » en même temps que comparer [1]. Pour hâter la constitution des types et l'établissement des lois il fallait non seulement rattacher les unes aux autres les différentes familles de faits historiques, mais les ordonner toutes en fonction de la réalité sociale qui les supporte. Le « sociologisme » est au premier chef une réaction contre le spécialisme.

Mais il est trop clair que le marxisme ne se borne pas à ce précepte de méthode. Il ne signale pas seulement l'interdépendance des phénomènes sociaux. Il s'efforce de déterminer leur hiérarchie. Et au fond n'y distingue-t-il pas des facteurs, pour pouvoir subordonner les uns aux autres ? Non content, du moins, d'affirmer en principe l'unité de la vie sociale, il amène au jour les causes profondes dont ses variations sont les effets, la substance véritable dont tout le reste n'est que l'accident.

Veut-on savoir la véritable nature de cette substance-cause ? Il ne faut pas s'en tenir, sans doute, aux associations d'idées qui gravitent autour du mot « matériel ». Qu'on se reporte aux thèses de Marx sur Feuerbach. On y trouvera l'esquisse d'un commentaire métaphysique de la formule qui termine le *Faust* de Goethe. Ce que Marx reproche avant tout au matérialisme traditionnel, c'est d'avoir conçu les choses sous la forme de l'objet, non sur le type

1 Voir les préfaces de *l'Année sociologique*, t. 1 et II.

4. MARXISME ET SOCIOLOGIE

de l'action. Il est fâcheux qu'on ait laissé à l'idéalisme le culte des forces actives. Au vrai c'est par l'action, non par la connaissance théorique, que l'homme pénètre les choses, que l'esprit communie avec le monde. Et la question de savoir si la pensée humaine comporte une vérité objective est une question qui se résout par la pratique. Ainsi la pensée profonde du marxisme, selon M. Andler [1], consisterait dans l'affirmation de « la solidarité complète de la théorie et de la pratique ». Il faut aller de l'être à la conscience. Traduisez : il faut aller de l'action à la pensée. En pressant un peu ces formules, on arriverait aisément à montrer dans Karl Marx un authentique ancêtre du pragmatisme [2].

Mais le pragmatisme marxiste veut être spécifié. Et il faut se rappeler de quelle sorte d'action il est par-dessus tout préoccupé. C'est de l'action qui entretient la vie, de celle qui fait subsister l'individu et durer l'espèce, de celle qui assure en un mot la satisfaction des besoins matériels. Quand il rapprochera des découvertes de Darwin celles de son ami, Engels le louera d'avoir insisté sur « ce simple fait —jusqu'ici caché sous les couvertures de l'idéologie — que les hommes avant tout doivent manger, boire, se loger, se vêtir avant de pouvoir s'occuper de politique, de science, d'art, de religion ; qu'ainsi la production des moyens de vie immédiats et matériels, et par suite le degré d'évolution économique d'un peuple ou d'un temps forme la base sur laquelle se sont développés les institutions d'État, les conceptions juridiques, l'art et même les représentations religieuses des hommes en question ». *Primo vivere.* C'est cette fin qui est poursuivie avant toutes les autres, et à travers toutes les autres. Le réalisme des économistes, qui nous remettent en mémoire ces nécessités vitales, fait utilement contrepoids, sur ce point, aux spéculations d'un idéalisme utopique.

Mais à vrai dire, si l'on veut trouver la cause déterminante de l'évolution sociale, c'est moins dans la fin poursuivie qu'il la faut chercher que dans les moyens employés. La fin reste la même ; les moyens varient. Ce sont eux qui en variant changent, non seulement la face de la terre, mais jusqu'à l'âme des sociétés. En transformant les choses par l'industrie, l'homme ne vérifie pas seule-

1 *Commentaire du manifeste communiste,* pp. 86, 207.
2 Voir à ce propos la tentative de M. Sorel : Discussion sur le *Matérialisme historique* dans le *Bulletin de la société française de philosophie,* mai 1902.

Célestin Bouglé

ment ses hypothèses, il transforme jusqu'à ses rêves. Ainsi le mode de production passe au premier plan et marque tout de son empreinte. Dis-moi, non seulement ce que tu manges, mais surtout comment tu gagnes ta vie : je te dirai qui tu es et ce que tu penses. L'action mène la pensée, affirmions-nous. Cela revient à dire que la production matérielle retentit sur la production intellectuelle elle-même. Montrez seulement à Marx l'outillage d'une époque ; et comme Cuvier reconstituait sur la vue d'un os l'organisme entier, Marx se fera fort de reconstituer la société entière, non seulement dans son corps, mais dans son esprit. C'est donc bien dans le matériel des sociétés, c'est dans les outils, les appareils, les machines que sont logées les véritables forces créatrices de l'organisation sociale. Les répercussions, directes ou indirectes, des inventions modèlent les institutions. C'est ainsi que le pragmatisme marxiste devient, par l'entremise de l'analyse économique, un technicisme. Le noyau du matérialisme historique, c'est la croyance à ce qu'on pourrait appeler l'automatisme technologique.

Matérialisme singulier, sans doute. Il suspend l'évolution sociale aux découvertes et aux inventions. Qu'il s'agisse des trouvailles du chercheur isolé ou des conquêtes méthodiques de la science organisée, ce sont donc les plus hautes initiatives de l'esprit qui déclenchent le mouvement de l'histoire. Marx est loin de méconnaître ce rôle de la pensée humaine. N'est-ce pas lui qui note que le pire architecte se distingue, par l'idée qui plane devant ses yeux, de la fourmi la plus adroite ? L'homme, disait Franklin, est par excellence l'animal faiseur d'outils. Seul, observera Kautsky [1], il se montre capable de produire des moyens de production. Le milieu où vivent et se meuvent les sociétés est donc un milieu humain autant et plus qu'un milieu naturel : au vrai c'est un milieu artificiel. A Owen qui répétait que les circonstances font l'homme, Marx objectait que l'homme aussi fait les circonstances. Il importe de ne pas oublier ce trait lorsqu'on rapproche, comme on l'a fait tant de fois, la théorie marxiste de la théorie darwinienne, et lorsqu'on répète que Marx a naturalisé l'histoire humaine. Sans doute, Marx le dit lui-même, le développement de la société est assimilable à la marche de la nature : ici comme là se révèlent des lois. Mais les causes ne sont pas du même ordre. Le darwinisme peut

---

1 *Ethik und materialistiche Geshichtsauffassung*, p. 79 sqq.

être regardé lui aussi comme une technologie : ne considère-t-il pas les organes, dont il explique la formation, comme autant de moyens de production pour la vie des animaux ? Mais l'histoire des organes productifs de l'homme social met en jeu de tout autres forces. L'outil, la machine-outil, la machine motrice sont autant de matérialisations de l'esprit.

Si la théorie répond pourtant en quelque mesure à une tendance que l'on peut qualifier, — par opposition aux tendances rationaliste ou intellectualiste, — de matérialiste, c'est parce qu'elle insiste sur tout ce qu'il y a d'imprévu, d'involontaire, de fatal dans la suite des mouvements historiques une fois déclenchés. L'intelligence crée consciemment l'outil. Mais lorsqu'on envisage les contrecoups divers de sa création, il est permis de dire qu'elle ne savait pas ce qu'elle faisait. Le matériel de la société une fois construit réagit de lui-même, comme mécaniquement, sur la société, et à travers la société sur l'esprit. Ainsi, par un retour imprévu, le modificateur sera modifié ; le créateur créé. L'invention, la découverte sont les témoignages éclatants de la liberté humaine : il est écrit pourtant que l'homme deviendra prisonnier de leurs lointaines conséquences. La technologie tout entière illustre le thème de Goethe : l'apprenti sorcier déchaîne des puissances magiques dont il n'est plus le maître [1]. Qu'est-ce que la force propre des idées, au prix de la force des choses qu'elle met en branle par la magie de l'industrie ?

À quelles explications ingénieuses peut mener l'hypothèse technologique ainsi définie, l'expérience l'a prouvé. Non seulement des penseurs socialistes se sont efforcés de préciser sur ce point la pensée des maîtres : M. Sorel par exemple nous explique, par la nature des spectacles que l'industrie leur met sous les yeux, le caractère des théories de Darwin sur la sélection ou celles de Spencer sur l'hérédité [2]. Mais encore, indépendamment de la tradition socialiste, des chercheurs ont rencontré un certain nombre de relations analogues à celles que signalaient Marx et Engels. La notion des répercussions indéfinies des inventions n'est-elle pas le centre du livre de M. Lacombe, sur l'*Histoire considérée comme science* ? Par l'analyse des conséquences non seulement matérielles, mais intel-

---

1 C'est la comparaison, lancée par Sismondi le premier, que le *Manifeste communiste* applique à l'œuvre de la bourgeoisie industrielle.
2 Voir le *Mouvement socialiste* d'octobre et décembre 1907.

Célestin Bouglé

lectuelles et sociales du feu — depuis l'extension des ressources alimentaires jusqu'au rehaussement de la condition des femmes — il montrera par exemple qu' « aucune des révolutions religieuses, aucune des révolutions politiques accomplies depuis le commencement de l'histoire n'est comparable pour l'ampleur des résultats à cette invention ». Dans les *Origines de la Technologie* M. Espinas s'efforçait, de même, de prouver par une histoire nouvelle de la philosophie grecque que les bâtisseurs de systèmes demandaient inconsciemment leurs modèles aux *organa* qu'ils avaient sous les yeux. Bien plus, ce n'est pas seulement sur les produits de la vie de l'esprit, c'est sur ses instruments intérieurs, sur ses facultés, sur ses catégories qu'on prétend relever l'empreinte des habitudes pratiques et en particulier des traditions techniques. Si nous sommes si facilement mécanistes, dira M. Bergson, dans l'*Évolution créatrice,* c'est que nous sommes depuis longtemps mécaniciens.

*

* *

Mais ce ne sont pas ces actions directes de l'instrument sur l'entendement qu'étudient Marx et Engels. À leurs yeux, les formes matérielles créées par l'esprit ne réagissent sur lui qu'à travers certains intermédiaires, qui sont des formes sociales. Les classes, les premiers produits du mode de production, sont aussi les nécessaires moyens de son action sur toute l'idéologie. De la façon dont le travail est divisé entre les hommes dépend la manière dont ils se groupent, et de celle-ci leurs espoirs ou leurs craintes, leurs croyances et leurs doctrines. La philosophie de l'outil, chez Marx et Engels, a pour prolongement immédiat leur théorie des classes.

Et c'est sans doute encore une tentative conforme aux tendances de la sociologie que cet effort pour découvrir l'intermédiaire, grâce auquel les choses gouvernent les idées, dans les transformations de la réalité sociale elle-même. Mais comment le socialisme scientifique se représente-t-il cette réalité sociale, ses rapports avec les phénomènes qui causent ses mouvements, ou la manière dont elle porte ses effets ? C'est sur ces points peut-être qu'il y aurait lieu d'élargir ou de rectifier les conceptions marxistes.

Et d'abord est-il légitime de présenter le phénomène social comme une sorte de doublure du phénomène matériel, la différenciation des hommes comme un produit du mode de production ? Faut-il admettre en d'autres termes, selon la formule fameuse, que le moulin à bras « donne » une société avec suzerain féodal, le moulin à vapeur, une société avec capitaliste industriel ? C'est contre cette partie de la théorie qu'ont porté, on le sait, les critiques les plus décisives. Les discussions méthodologiques de M. Stammler [1] ont établi qu'il fallait distinguer entre la forme et la matière de la vie sociale, entre la règle juridique et l'activité économique, et que celle-là n'est pas simplement une sécrétion de celle-ci. C'est dire que la façon dont les hommes sont hiérarchisés n'est pas nécessairement déterminée par celle dont leur travail est organisé. Il importe de distinguer nettement, comme le propose M. Simiand [2], entre la forme et le régime de la production, celui-ci désignant « les institutions de la production économique définies et classées selon les relations juridiques et sociales qui les caractérisent », celui-là désignant « les institutions de la production économique définies et classées selon les relations technologiques ou morphologiques qui les caractérisent ». On s'aperçoit alors que les variations des formes et celles des régimes, celles de l'outil et celles de la loi sont souvent indépendantes. « Le même soc avec lequel labouraient déjà les esclaves romains et les moines carolingiens, sert encore au paysan d'aujourd'hui [3] ».

Au vrai, lorsque les hommes se répartissent les tâches, une certaine réalité sociale est toujours donnée, dont les tendances préalables pèsent sur la répartition elle-même. Les situations déterminent les fonctions. L'épée, disait Dühring, jette son poids dans la balance : c'est la force qui crée les classes. Et sans doute, pour que cette théorie recouvre tous les faits, il faudrait entendre la catégorie de la force au sens très large, et y faire rentrer toutes les formes du prestige. Tout le mécanisme social, disait Auguste Comte, repose en dernière analyse sur des opinions. Cela est vrai surtout, sans doute, des mécanismes primitifs. Toujours est-il que ce ne serait pas à une cause unique, d'ordre technique, que serait due la forme de l'organisation sociale, mais à la rencontre et à la combinaison d'influences diverses.

---

1 *Wirtschaft and Recht nach der materialistischen Geschichtsauffassung.*
2 Voir *Année sociologique,* t. IV, p. 514 ; V. p. 492.
3 Andler, *Revue de métaphysique,* art. cit., p. 653.

Célestin Bouglé

Et si les unes dérivent en effet plus ou moins directement des besoins matériels — qui se réduisent en fin de compte à une masse de besoins individuels —les autres expriment un besoin d'ordre et de règle, qui constitue un besoin proprement social. Il reste donc que la technique n'est pas la mère du droit. Les inventions à elles seules ne sauraient créer les institutions. Ce qui revient à dire, en d'autres termes, que les formes sociales ne découlent pas des formes matérielles.

Mais, abstraction faite de ces questions d'origine, lorsque les marxistes nous montrent à l'œuvre les formes sociales qui sont à leurs yeux les formes essentielles — les classes — poussent-ils assez loin l'analyse ?

Lorsqu'ils dénoncent l'effort de celles qui dominent pour faire régner dans la société les idées propres à assurer leur domination, il serait aisé de relever, dans le langage de Marx et d'Engels, des traces de finalisme. Ils escomptent des effets d'une « volonté de classe », dont on dirait qu'elle vise son but et sait sa mission. Ainsi sont transposés, semble-t-il, à l'usage des classes, les concepts dont Hegel usait pour les races ou les peuples : tout se passe du moins, dans l'histoire résumée par le *Manifeste communiste,* comme si la bourgeoisie était menée par quelque Idée hégélienne.

Mais pour une philosophie qui répudie toute finalité, immanente ou transcendante, il ne saurait y avoir là qu'une apparence qui reste à expliquer. À la suite de quels phénomènes de fusion, donc, un certain nombre d'individus deviennent-ils capables d'agir et de penser unitairement, et comme s'ils visaient une fin commune ? Pour en rendre compte, il importerait de montrer comment une classe arrive à l'existence non seulement en soi, mais pour soi ; en d'autres termes comment les individus qui la composent prennent conscience de leur unité, et posent leur moi collectif. La répartition des tâches, dit-on, leur crée des situations analogues. Mais des similitudes, même devenues conscientes, ne suffisent pas sans doute à créer une conscience de classe : il y faut le sentiment d'une solidarité propre. Or, pour que ce sentiment s'éveille au cœur des individus, il importe qu'ils soient, non pas seulement juxtaposés, mais organisés. Karl Marx en fait la remarque, à propos des paysans parcellaires. « Ils vivent dans la même situation, mais ils ne sont pas unis par de nombreux rapports ». En conséquence, la classe paysanne sera « un sac de pommes de terre » plutôt qu'une classe véritable. Il n'y a de véritable classe que là où il s'est formé une conscience collective. Mais pour qu'une conscience collective se forme, encore y faut-il le concours d'un certain nombre d'institutions. Les conditions nécessaires à l'éclosion sont multiples, et difficilement réunies. Autre chose, remarque à ce propos M. Halbwachs [1], est rassembler les données de l'histoire économique, autre chose déterminer dans quelle mesure, et ajouterons-nous, à travers quels intermédiaires, la conscience sociale en peut être influencée. En ce sens, on peut soutenir que longtemps les seuls membres des classes privilégiées constituent à proprement parler une classe, armée de pied en cap [2]. Seuls, à la fois possédants et dirigeants, également attachés au type de vie qui leur est commun, ils jouissent, prêts à la défendre au besoin, de cette unité que donne l'action politique, l'usage des différentes formes du pouvoir. Le cas des classes moyennes est différent. Elles constituent plutôt une lice, et un passage. Leurs éléments sont en mouvement incessant. Les uns montent, les autres descendent : mauvaises conditions pour s'agréger les uns aux autres. Quant à ceux qui restent dans les bas-fonds, les prolétaires, ils sont sans doute soumis à une même pression : mais combien d'institutions leur restent à créer pour que la conscience de cette situation commune devienne une réalité agissante ? C'est à ces desiderata que fait allusion le nouveau syndicalisme lorsqu'il démontre la nécessité de réintroduire, dans le déterminisme marxiste, une philosophie de la volonté [3].

Eût-on d'ailleurs analysé les mécanismes complexes grâce auxquels les classes deviennent conscientes, il resterait encore à montrer comment elles s'y prennent, pour agir sur l'idéologie. Est-ce seulement en tablant sur les effets de mobiles intéressés, mis en branle par des idées qui ne seraient que des prétextes ? La théorie des idées-prétextes a été maintes fois esquissée par les fondateurs du socialisme scientifique. Engels nous montre par exemple

1 Discutant les théories de Schmoller, Bücher et Sombart sur les classes, dans la *Revue de métaphysique et de morale*, 1905, p. 893.
V. l'Introduction de son livre sur *la Classe ouvrière et les niveaux de vie*, Alcan, 1912.
2 Cf. Andler, *Commentaire du manifeste communiste*, p. 82.
3 Voir dans la collection du *Mouvement socialiste*, les articles de MM. Lagardelle et Berth.

Célestin Bouglé

la revendication des Droits de l'Homme suggérée par les besoins industriels de la bourgeoise. Il faut à ses manufactures des masses d'hommes mobilisables à volonté, embauchables et congédiables à merci, « deux fois libres », c'est-à-dire délivrés de toute tutelle en même temps que dénués de toute ressource. La bourgeoisie se servira donc du droit naturel comme d'un bélier pour démolir les enclos du régime féodal et corporatif : elle fait place nette. Deux siècles avant déjà, lorsque la réforme réclame l'égale liberté des croyances, il est permis de reconnaître, sous les protestations libérales, les aspirations du commerce naissant qui veut avoir ses coudées franches : c'est la « libre concurrence » qui cherche à se faire jour, et qui pousse devant elle la libre pensée. « Déguisement », dira Engels : les intérêts s'habillent en idées.

On le voit, des explications de ce genre supposent dans la conscience de classe une sorte de machiavélisme spontané : il y entrerait, en parts difficiles à déterminer, de l'auto-duperie et de l'hypocrisie. Il semble que les possédants déterminent par un calcul inavoué les principes qui leur sont utiles afin de les faire passer au premier plan. Ou du moins leur esprit penche instinctivement du côté de leur intérêt. La « logique des sentiments » opère, comme dirait M. Ribot : elle les fait s'arrêter aux formules propres à justifier l'attitude que leur impose le désir de défendre leur situation.

L'explication a l'inconvénient de toutes les explications utilitaires. Elle prête trop sans doute au calcul, fût-il inconscient. Ceux qui s'en contentent oublient qu'il est rare, en histoire, que l'acteur prévoie les plus utiles répercussions de son geste. Ne retombent-ils pas par là dans l'erreur cent fois reprochée à l'économie classique ? Elle réalisait, dans l'homo œconomicus, une sorte d'échangiste idéal, qui ne vise qu'au plus grand profit et sait pertinemment les moyens d'y atteindre. Ainsi le socialisme semble prêter à la conscience de classe une vision trop nette de l'intérêt de classe. Il impute à la bourgeoisie, en particulier, un trop grand nombre de faits exprès.

En réalité, si les idées dominantes d'un temps se modifient, il est vraisemblable que l'attraction de l'intérêt n'en est pas seule responsable : la pression des circonstances y entre pour quelque chose. Elles imposent, quels que soient les désirs de la sensibilité, un certain contenu à l'imagination. Une théorie vraiment libérée de finalisme attacherait plus de prix aux empreintes mécaniquement déposées sur l'esprit par les faits. Il arrive plus d'une fois d'ailleurs que Marx et Engels orientent leurs explications de ce côté. Lorsque Engels, par exemple, nous dit de Calvin que sa théorie de la prédestination n'est qu'une sorte de transposition de la réalité commerciale, laquelle fait dépendre le succès de conjonctures imprévisibles plus que du mérite personnel, les suggestions de l'égoïsme de classe ne sont plus ici en jeu : un fait a été traduit sans qu'une fin ait été poursuivie. Des influences, de ce genre mériterait sans doute d'être prises en considération, dans bien des cas où Marx et Engels se contentent d'escompter l'action plus ou moins mystérieuse d'une « volonté de classe » suggérant des « interprétations intéressées. » On a essayé de prouver par exemple, à propos des idées égalitaires, que les variations tant quantitatives que qualitatives des sociétés, l'accroissement de l'homogénéité et de l'hétérogénéité, les progrès de l'unification et de la complication dans la civilisation occidentale devaient y rendre plus aisée l'expansion de ces idées, en ouvrant insensiblement les esprits au sentiment du prix égal des personnalités différentes [1]. Si le matérialisme historique ne signifie pas seulement rattachement à l'égoïsme, mais d'abord élimination du finalisme, de pareilles explications, qui escomptent une modification automatique des sentiments par les impressions, seraient plus « matérialistes » que celles qui prêtent aux classes une volonté analogue à la volonté de vivre de Schopenhauer, où à la volonté de dominer de Nietzsche.

Mais il est clair qu'en suivant ce chemin on rencontrerait d'autres faits que ceux qui dérivent directement des transformations de la technique ; et l'on ferait entrer en ligne de compte les effets de formes sociales autres que la classe. De cela aussi, d'ailleurs, Marx et Engels ont eu le pressentiment. S'agit-il par exemple de l'État, ils s'efforcent, — réagissant ainsi contre la philosophie sociale du dix-huitième siècle, qui réservait la place d'honneur aux formes du gouvernement, — do démontrer que l'État lui aussi n'est qu'ombre et reflet : le pouvoir politique n'est jamais que le serviteur des intérêts économiques. Mais Marx et Engels ne nieront pas pour autant les effets propres du groupement politique. Nous ne faisons pas seulement allusion ici aux lettres où Engels, atténuant

---

1 Ce sont les thèses que nous avons essayé de démontrer dans notre étude sur les *Idées égalitaires*.

Célestin Bouglé

systématiquement les thèses du matérialisme historique, insiste sur l'autonomie relative des forces qui doivent, mais en dernière instance seulement, s'incliner sous la pression de l'organisation économique ; en particulier « la puissance politique, dit-il, tend à toute l'autonomie possible, et une fois établie, elle est douée elle aussi d'un mouvement propre ». Mais Marx lui-même, dans les ouvrages où il confronte sa philosophie avec l'histoire, fait, au moins implicitement, des concessions analogues. Que signifient par exemple les réflexions de Marx sur ce qu'il appelle le crétinisme parlementaire ? « Il relègue les malades qui en sont infectés en un monde imaginaire, leur enlève tout sens, tout souvenir, toute intelligence du grossier monde extérieur. » Ils attribuent une importance démesurée aux délibérations et aux décisions des assemblées. Qu'est-ce à dire ? Les effets ainsi dénoncés tiennent-ils à des causes économiques ? Voit-on ici à l'œuvre les suggestions des intérêts de classe ? On y voit seulement l'action d'un certain milieu fermé, dont les méfaits continueraient sans doute alors même qu'en dehors de lui l'organisation des classes serait changée du tout au tout. Du moins — si nous en croyons les critiques répétées par les partisans du syndicalisme — l'expérience tendrait à prouver qu'en pénétrant dans ce milieu les représentants de la classe ouvrière y prennent les mêmes plis que les autres ; ils sont saisis eux aussi et malaxés par la « logique » du parlementarisme.

Ce que nous observons là d'un groupement proprement politique il faudrait le répéter, toutes choses égales d'ailleurs, de toutes les formes d'associations, grandes ou petites, permanentes ou éphémères, volontaires ou spontanées, qui chevauchent sur les classes : chacun de ces groupements peut exercer ses effets spéciaux, capables ici de compléter, et là de contrarier l'influence du groupement économique. Est-il besoin d'ajouter que cela est vrai surtout de ces groupements globaux qui s'appellent les nations ? C'est sur ce point, peut-être, qu'avec le recul de l'histoire l'abstraction marxiste paraîtra la plus violente. Depuis le moment où le *Manifeste communiste* déniait, pour le prolétariat du moins, toute raison d'être au principe des nationalités, le principe des nationalités n'a pas cessé, avec le concours des prolétaires, de pétrir et repétrir l'Europe. Les forces sentimentales ainsi dégagées se sont montrées capables, jusqu'à nouvel ordre, de séparer ceux que leurs intérêts de classe devraient unir, et d'unir ceux qu'ils devraient séparer [1].

La sociologie a pour objet, dit-on quelquefois, de mettre en lumière les formes sociales, leurs causes et leurs conséquences propres. Si cette définition est exacte, on comprend que la sociologie ne doive pas méconnaître l'influence des classes. Mais on comprend du même coup qu'elle ne puisse se réduire tout entière à l'étude de cette seule influence.

*

* *

Mais la définition que nous venons de citer est sans doute trop étroite encore. En fait, les recherches de la sociologie ne nous ont pas seulement habitués à prendre les formes sociales comme centres d'observation. Elles tendent à faire prévaloir une conception spéciale des représentations collectives, de leur nature et de leurs fonctions. C'est sur ce point peut-être que les divergences deviendraient plus sensibles entre le marxisme et la sociologie. Celle-ci ne nous inclinerait pas seulement à élargir la base des explications proposées par Marx et Engels ; elle nous amènerait à réagir contre leur penchant à résoudre les idées dominatrices d'un temps en prétextes ou en illusions. En un mot elle n'aurait pas seulement à compléter « l'économisme », comme dit M. Barth, mais à limiter ce que M. Masaryk appelle « l'illusionnisme » marxiste.

Les idées ne sont que des ombres projetées sur le fond delà caverne ? Mais d'abord, pour reprendre l'image de Platon, les figurines dont les ombres sont ainsi projetées ne sont pas toutes modelées, nous venons de le rappeler, par des forces économiques. Et puis, qui dit ombre ne dit pas forcément apparence illusoire. Et ces ombres sont peut-être nécessaires pour faire converger les regards des hommes. Il faudrait faire subir ici à l'illusionnisme matérialiste une correction analogue à celle qu'on fait subir d'ordinaire à l'illusionnisme idéaliste. Le monde extérieur n'est qu'une apparence, dit celui-ci. Mais il est bientôt forcé d'ajouter : c'est une apparence bien fondée. Et pour que l'esprit humain se construise une science du monde, force lui est de se représenter les phénomènes étalés dans l'espace et dans le temps. De même et inversement, à qui nous avertit que le monde intérieur n'est qu'une apparence,

1 Voir dans les *Libres entretiens* de 1906-1907 les discussions sur *l'Internationalisme* (VI et VII : *Patriotisme et Lutte de classes*).

Célestin Bouglé

nous devrons répondre qu'il est une apparence bien fondée, non seulement à cause des réalités sociales qu'il traduit à sa manière, mais encore à cause de l'œuvre de coordination qu'il accomplit, en offrant aux tendances individuelles des centres de convergence. Ainsi l'apparition de ces fantômes qui sont les croyances et les doctrines — religieuses ou politiques ou morales — ne serait pas seulement inévitable ; elle serait indispensable. Elle aurait à jouer dans l'histoire un rôle d'irremplaçable intermédiaire.

De cette vérité encore le sentiment n'a manqué, assurément, ni à Marx ni à Engels. On se souvient de ce que dit Marx, dans *le XVIII Brumaire,* des ombres romaines qui « veillèrent sur le berceau de la Révolution française. Les gladiateurs de la société bourgeoise, ajoute-t-il, trouvèrent dans les traductions strictement classiques de la République romaine l'idéal et les formes artistiques, les illusions dont ils avaient besoin pour se dissimuler à eux-mêmes l'objet bourgeoisement étroit de leurs luttes et maintenir leur passion à la hauteur de la grande tragédie historique ». Engels dira de même qu'à la fin du moyen âge « pour déchaîner une tempête dans les masses, dont l'âme était exclusivement nourrie de religion, on dut leur présenter leurs propres intérêts sous un déguisement religieux ». Marx et Engels reconnaissent donc l'utilité, sinon la nécessité des « travestis idéologiques ». Ne faut-il pas que l'image soit « renversée », comme dit Engels encore, pour être aperçue ?

Malgré tout, la notion subsiste, chez les théoriciens du matérialisme historique, qu'à la base de ces illusions se retrouve une sorte de ruse plus ou moins consciente des classes privilégiées, et qu'il suffit de dénoncer la manœuvre pour en voir s'évanouir les effets. Aussi paraissent-ils penser que dorénavant, l'humanité n'aura plus d'illusions. Il ne lui sera plus nécessaire, pour avancer, de courir après les feux follets des idées. Mais sur ce point encore l'expérience ne paraît pas ratifier les prophéties marxistes. Nous voyions avanthier les philosophes du socialisme syndicaliste [1] revenir à la théorie des « mythes » nécessaires au prolétariat. Une notion comme celle de la grève générale peut, nous dit-on, n'être pas scientifiquement vérifiable, ni pratiquement réalisable : elle garde cependant une raison d'être si elle suscite et coordonne les enthousiasmes,

1 Voir G. Sorel., *Réflexions sur la violence,* précédées d'une lettre à D. Halévy.

4. MARXISME ET SOCIOLOGIE

si elle « règle » et « rallie », comme aimait à dire M. Brunetière, les activités. En fait d'ailleurs, les formules marxistes elles-mêmes n'agissent elles point par leur rayonnement sentimental bien plus que par leur noyau scientifique ? Leur force de propagande ne réside-t-elle pas dans l'idéal qu'elles incarnent bien plus que dans la réalité qu'elles traduisent ? C'est un des traits qu'ont en vue ceux qui répètent que le mouvement socialiste est par excellence un mouvement religieux.

Au vrai, toutes les idées qui tendent, par les jugements de valeur qu'elles impliquent, au gouvernement de l'action collective, garde une couleur religieuse. Elles s'imposent, et elles en imposent. « La Patrie, la Révolution française, Jeanne d'Arc, etc., sont pour nous des choses sacrées auxquelles nous ne permettons pas qu'on touche. L'opinion publique ne tolère pas volontiers qu'on conteste la supériorité morale de la démocratie, la réalité du progrès, l'idée d'égalité, de même que le chrétien ne laisse pas mettre en discussion ses dogmes fondamentaux [1] » À vrai dire, on ne saurait comprendre le caractère plus ou moins nettement impératif de ces croyances, même laïques, si l'on ne se représente les origines et les fonctions sociales de la religion, ses survivances et ses succédanés.

Mais c'est là sans doute ce qu'a le moins bien compris le matérialisme historique. Marx et Engels restent, en matière de philosophie religieuse, les disciples de Feuerbach. « Dieu est le miroir de l'homme » — « La religion est la fille du désir ». Lorsqu'il explique à l'aide de ces principes les hallucinations religieuses, Feuerbach ne fait pas à proprement parler de psychologie sociale. Il tient compte des facultés de l'espèce, non des effets du groupement. Marx lui en fait le reproche, dans une formule où le point de vue sociologique est nettement caractérisé : « Feuerbach ne voit pas que le « sentiment religieux » est lui-même un produit social, et que l'individu abstrait qu'il analyse appartient en réalité à une forme de société déterminée ». Mais par cela même que Marx résout aussitôt toute forme sociale en rapports économiques, il rétrécit le cercle des recherches auxquelles sa propre formule aurait pu l'inciter. Il s'en tiendra à la pensée qu'il exprime dans la *Question juive* et dans la *Critique de la Philosophie du Droit* : « La religion exprime un manque. — La religion est l'opium du peuple ». À la fois aveu et

1 Durkheim, dans *l'Année sociologique,* t. II, 20.

Célestin Bouglé

mensonge, l'existence d'une religion est la preuve que l'organisation économique est imparfaite : car on ne rêve que ce qu'on ne possède pas. Et en même temps, elle est un effort pour stéréotyper cette imperfection en paralysant le peuple : car on ne cherche pas à conquérir ce qu'on possède en rêve. Ainsi par ses origines comme par ses fonctions la religion est étroitement soudée à l'économie. Les variations de la technologie commandent donc, en dernière analyse, celle de la théologie.

Qu'une hypothèse de ce genre — plus fidèle que Marx et Engels ne s'en rendaient compte à l'esprit du dix-huitième siècle, — explique malaisément tous les faits découverts par la science des religions, ce n'est pas douteux. « La religion est le plus primitif de tous les phénomènes sociaux, écrivait M. Durkheim [1]. Dans le principe tout est religieux. Or, nous ne connaissons aucun moyen de réduire la religion à l'économie ni aucune tentative pour opérer réellement cette réduction. Nul n'a encore montré sous quelles influences économiques le naturalisme était sorti du totémisme, par suite de quelles modifications dans la technique il était devenu ici le monothéisme abstrait de Jahvé, là le polythéisme gréco-latin, et nous doutons fort que jamais on réussisse dans une pareille entreprise. Plus généralement, il est incontestable qu'à l'origine le facteur économique est rudimentaire, alors que la vie religieuse est au contraire luxuriante et envahissante. Gomment donc pourrait-elle en résulter ? »

C'est là sans doute un des plus graves inconvénients de la préoccupation marxiste : à vouloir souder la religion à l'économie, on oublie comment, avant même que les modes de la production aient pu se modifier notablement, les modes de la croyance ont dû pétrir la matière humaine. On sait comment Engels adapte Morgan à Marx : pour compléter le matérialisme historique, à la théorie de l'outil il adapte la théorie de la famille, qui est comme la fabrique de l'espèce et qui fournit à la société son matériel d'hommes. Il s'efforce de faire remonter à un phénomène économique, la propriété privée — elle-même liée aux progrès de la division du travail — la responsabilité de la dissolution des *gentes* primitives : ainsi se créent d'une part la monogamie qui, tempérée par le droit du mâle à l'adultère, assure le privilège de l'homme et de ses « héritiers »,

1 *Revue philosophique,* 1897, p. 650.

d'autre part l'État qui assure, avec ses forces policières et ses ressources fiscales, le privilège des possédants. Il est remarquable que c'est seulement alors, quand il fait intervenir les formes de la division du travail et le régime de la propriété privée, qu'Engels reconnaît des influences « de nature sociale ». Ne voit-on donc à l'œuvre jusque-là que des forces d'ordre biologique ? Faudra-t-il classer sous cette rubrique celles qui ordonnent la famille australienne autour du totem, ou le géu°ς grec autour du foyer domestique ? Ce caractère religieux des premiers groupements familiaux — caractère que les recherches récentes ont, mis en si vive lumière — Engels ne paraît pas le soupçonner. Parce qu'elle n'a point d'ouvertures de ce côté, sa sociologie s'interdit de découvrir l'origine, tout à fait étrangère à l'économie, de nombre de scrupules qui continuent d'exercer leur action sur les sociétés. L'industrie travaillera sur un « donné » social, que le matérialisme historique néglige systématiquement. Il oublie, observait M. Jaurès [1], que l'évolution historique a été précédée d'une longue évolution physiologique. Ajoutons que l'évolution économique a été précédée d'une longue évolution religieuse. C'est celle-ci qu'il importerait d'étudier pour rechercher, sur des exemples typiques, comment se forment et comment agissent, selon la logique qui leur est propre, les représentations collectives.

On se convaincrait alors que, comme elles n'ont pas pour origine unique des « manques » de l'organisation économique, les croyances religieuses sont loin d'avoir pour unique fonction le maintien de l'inégalité. C'est ici que l'on pourrait utiliser, en les transposant les indications de Marx sur la formation des « choses sociales » qui se dressent devant les consciences individuelles. Si les croyances religieuses sont investies en effet d'un prestige spécial, qui fait que l'on considère comme un crime de les renier, c'est sans doute qu'elles sont les produits de forces supérieures aux individus ; c'est qu'elles résultent de l'action qu'ils exercent les uns sur les autres en se tenant groupés. Et leur fonction est avant tout, en effet, de rallier et de régler les activités du groupe : elles fournissent comme des centres d'aimantation pour la cohésion sociale. C'est pourquoi M. Boutroux pouvait résumer en ces termes les théories du « sociologisme » : « L'observation montre que la religion n'est autre chose que la société elle-même, imposant à ses membres les

---

1 *Idéalisme et matérialisme dans la conception de l'histoire*, conférence, p. 14.

Célestin Bouglé

croyances et les actions que requiert son existence et son développement. La religion est une fonction sociale » [1].

Et sans doute un moment vient, et doit fatalement venir, en raison des transformations mêmes des sociétés, où la foi perd son empire : de moins en moins les consciences individuelles se laissent tyranniser. Toutefois les croyances « laïques », si elles servent de centres de ralliement à un certain nombre de sentiments intenses, comme elles exercent la même fonction que les croyances religieuses, gardent longtemps quelque chose de leur caractère. À travers elles aussi on sent à l'œuvre des forces supérieures aux individus. La doctrine même qui assigne comme fin à la société la garantie du droit individuel, conserve, dans la mesure où elle répond à un sentiment collectif, une sorte d'auréole. On a pu parler d'une religion de la personnalité humaine.

De ce point de vue c'est avec un esprit tout différent de l'esprit marxiste qu'on aborderait l'étude de l'idéologie. On accordera aux représentations collectives une tout autre valeur que celle que leur assigne le matérialisme historique, si l'on a clairement aperçu leurs tenants et leurs aboutissants sociaux. On les traitera dès lors, non plus comme des épiphénomènes, mais comme des synthèses *sui generis* capables de déviations propres : prismes, et non pas seulement reflets.

FIN

---

1 *Science et religion*, p. 190.

ISBN : 978-1534715554

www.ingramcontent.com/pod-product-compliance
Lightning Source LLC
Chambersburg PA
CBHW062011280526
45787CB00005B/2056